Inhalt

Prolog

Was liest Du da, Chrisi?

Flaschenpost.

Das sieht aber aus wie ein Taschenbuch, nicht wie eine Flaschenpost.

Das Taschenbuch heißt Flaschenpost, von Anke Cibach. Die Protagonistin Nele lebt und arbeitet in Hamburg, entwirft unter anderem Galionsfiguren und verliebt sich unglücklich. Ursprünglich kommt sie von der Hallig – dort fährt sie am Wochenende immer wieder hin. Das sind für mich die interessanten Passagen. In Hamburg ist ihr Leben nur kompliziert und stressig, auf der Hallig ist ihr Leben glücklich, leicht und heimelig. Hallig? Das ist irgendeine ganz kleine Insel in der Nordsee?

Ja, irgend so ein Rest ehemaliges Festland, das die Sturmfluten noch nicht gänzlich verschlungen haben. Im Wattenmeer muss es noch einige Halligen geben.

Es fasziniert mich, wenn Nele auf der Hallig ist. Es ist dort vollkommen ruhig und entspannend, dann fällt der ganze Großstadtstress von ihr ab, sie sitzt am Ufer und schaut kilometerweit übers Wattenmeer, wie Flut und Ebbe sich abwechseln, wie das Wasser kommt und geht. Ihre Omi kocht traditionelle Speisen, heißer Tee mit Schuß steht immer auf dem Feuer und im Frühjahr machen die dort riesige Lagerfeuer, Biikefeuer.

Hooge Liebeserklärung an eine Hallig

Christiane & Sven
von Loga

Gaasterland Verlag
2019

von Loga, Christiane & Sven:
Hooge. Liebeserklärung an eine Hallig.

Jünkerath: 2. überarbeitete Auflage 2019
www.gaasterland-verlag.de

ISBN 978-3-935873-66-6

Wir wollten doch sowieso im Mai wieder an die Nordsee, dann können wir doch mal einen Ausflug auf die Hallig machen?

Ich war mal auf Föhr, aber das ist eine richtige Insel. Diese Halligen werden doch ständig von der Nordsee überflutet und man sitzt dann auf so einer Warft, die dann wie ein Maulwurfshügel aus dem Meer ragt? Eigentlich ein reizvoller Gedanke, das mal kennenzulernen.

Zwei Wochen später...

Chrisi, ich habe eine Ferienwohnung reserviert.

Wo denn?

Auf Hallig Hooge. Vom 1. bis zum 8 Mai.

EINE WOCHE?

Ich wollte nur mal einen Tag dorthin, nur mal schauen. Aber ... wenn Nele sich dort so wohl fühlt, dann muss dieses Eiland doch einen ganz besonderen Reiz haben. Das sind nur noch vier Wochen. Ich bin verdammt gespannt ....

Anke Cibach: Flaschenpost (2007) Knaur-Taschenbuch

Die Hallig

Was reizt einen Menschen an diesem winzigen Flecken Marschrest im Wattenmeer? Ein Stückchen Land, das die Sturmfluten bisher gerade noch verschont haben und in absehbarer Zeit wegspülen werden? Jede Sturmflut nagt an den Halligen und egal welche Sicherungsmaßnahmen der Küstenschutz ergreift, irgendwann wird die Natur siegen. Aber bis dahin wird es noch dauern, noch Generationen von Halligbewohnern und Touristen werden auf Hallig Hooge eine Idylle finden. Ist ein Eiland im Wattenmeer eine Idyllle? Ein Eiland ohne Geschäfte, ohne Boutiquen und ohne jede Form von Nachtleben, Diskotheken und Trödelmärkten?
Oder ist es gerade all dies Fehlende, was die Hallig so reizvoll, so liebenswert macht? Warum träumen so viele Menschen, die dort Urlaub machen, davon, dort zu bleiben? Vielleicht für immer?
Egal ob am 21. Februar beim Biikebrennen, ob im Frühjahr, wenn sich zehntausende von Ringelgänsen auf der Hallig versammeln und sie kahlfressen, im Sommer, wenn sich die Sonnenuntergänge mit einer Flasche Wein gemütlich am Sommerdeich betrachten lassen oder im Herbst, wenn die Stürme über die Hallig toben. Die Hallig hat zu jeder Jahreszeit ihren besonderen Reiz. Endlosigkeit ... dieses Wort beschreibt die Hallig gut. Ringsum endloses Land, mal wasserbedeckt, mal Wattenmeer. Irgendwo endlos weit weg im Osten geht die Sonne auf und taucht das Wattenmeer in rotes Licht, irgendwo endlos weit weg im Westen versinkt die Sonne wieder im Meer. Alles scheint endlos zu sein, es scheint keine Grenzen mehr zu geben.
Aus der Endlosigkeit kommt der Wind über die Hallig, er kommt immer von der falschen Richtung. Immer ist Gegenwind, es scheint, als sei die Hallig von Winden umzingelt, die in der Halligmitte nach oben steigen, nur um wieder nach unten zu fallen und in Richtung Hallig zu blasen. Wer auf der Hallig Fahrrad fährt, versteht es ... es ist immer Gegenwind.

Wie winzig ist die Halliggemeinde mit ihren knapp über 100 Einwohnern. Gibt es da noch Anonymität, wenn doch kein Schritt unbeobachtet bleiben kann? Ist das von Vorteil oder von Nachteil?

Wir als Touristen machen uns keine Gedanken über den Ernst des Lebens auf dem winzigen Eiland, die Probleme, die das Dasein mitten im Meer mit sich bringt. Wir wollen auch nicht für immer hierhin – aber immer wieder. Wir genießen die Stille, die Weite, die Natur, die Luft und den Wind, wir entspannen und träumen ... auch wenn wir längst wieder zuhause sind, ist der Traum von einem Abend mit Sonnenuntergang am Deich bei der Westerwarft eine Atempause im stressigen Großstadtleben.

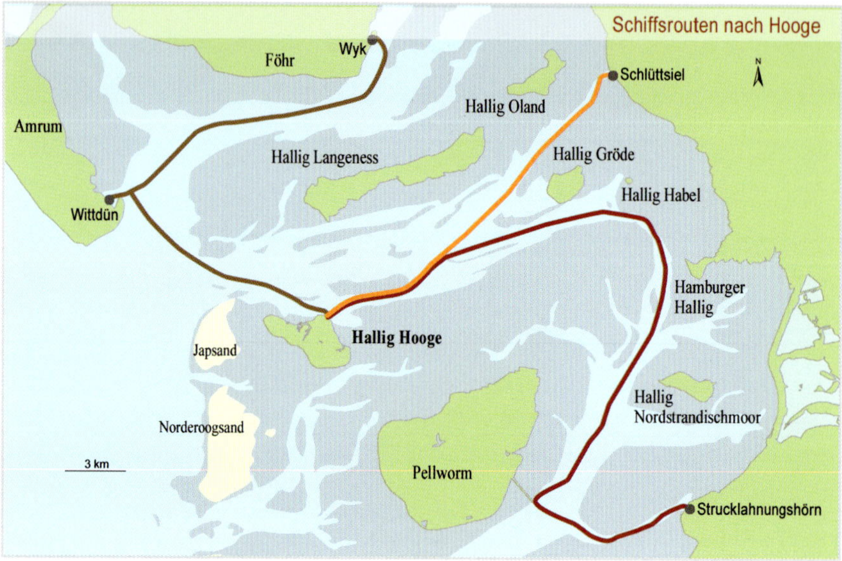

Durch den Nationalpark Schiffsreisen nach Hallig Hooge

Nur per Schiff erreichen wir Hallig Hooge und auch das ist nicht immer möglich. Manchmal, bei Sturm sind die Halligen von der Außenwelt abgeschnitten, wenn starke Fluten ein Landunter mit sich bringen, sind Anleger und Straßen überflutet, manchmal ist auch zu wenig Wasser in der Nordsee, dann bleiben die Fähren im Hafen. Wenn der Ostwind kräftig bläst, treibt er die Wassermassen hinaus aus der Nordsee, weg in Richtung Atlantik und die Schiffe haben nicht mehr genug Wasser unterm Kiel. Automatisch werden Ferienwohnungsvermieter, Hotels und Anlegestellen informiert, das die Fähre erst Stunden später kommen wird … oder auch schon mal zwei Stunden früher, weil sie schon im Zielhafen sein muss, bevor das Wasser verschwunden ist. Aber welchen Festlandsbewohner kann das schrecken, ist er doch Flugausfälle und stundenlange Verspätungen der Bahn gewohnt.

Während des ganzen Jahres fährt ein oder zweimal täglich die Autofähre *Hilligenlei* der Wyker Dampfschiff-Reederei WDR von Schlüttsiel zu den Halligen Hooge und Langeness, die wichtigste Verbindung Hooges zum Festland. Die *Hilligenlei* fährt auch bei schwerer See, fährt auch im Winter, transportiert die Post, den

Lieferwagen des Halligkaufmanns, mit ihr kommen Handwerker und Material und Kühe. Denn auch das Pensionsvieh, das im Sommer auf den Weiden grast, kommt mit der *Hilligenlei* angereist. Im Sommerhalbjahr wird es auf Hooge deutlich voller, Tagestouristen kommen in oftmals großer Zahl.

Seit Jahren steuert Kapitän Gerrit Vöge die *Adler Express* der Adler Reederei durchs Wattenmeer, an sonnigen Sommertagen bringt er schon einmal 600 Tagesgäste nach Hallig Hooge – er holt sie ab von Amrum und Nordstrand und nimmt sie nachmittags auch wieder mit zurück, damit die Hallig wieder in ihren Zustand tiefster Entspannung verfallen kann.

Seit 2011 ist Gerrit Vöge der Kapitän der Adler Express, des zweitschnellsten Schiffs im Wattenmeer. Mit 24 Knoten fährt er zwei Mal täglich im Sommerhalbjahr die Strecke Nordstrand – Sylt mit Zwischenstopp auf Hooge und auf Amrum, gelegentlich hält er auch auf Hallig Gröde. Etwas Angst, dieses winzige, kaum bewohnte Eiland zu vergessen, hat er schon manchmal. Fuhr die Adler Express einst auch gelegentlich nach Helgoland, so übernimmt diese Touren ab 2019 die AdlerCat, ein schneller Catamaran, der mit 30 Knoten von Cuxhaven über Sylt, Föhr und Amrum nach Helgoland unterwegs ist.

Quer über Nordstrand führt der Weg von Husum. Am Kai von Strucklahnungshörn, dem Hafen von Nordstrand, startet die *Adler Express*. Gepäck raus, Fahrräder runter vom Auto, im Smartphone nach dem Ticket gesucht ... naja, die Zeit steht auch im Wattenmeer nicht still und Tickets lassen sich schon zuvor per App buchen, das vermeidet das Anstehen an der Ticketbude und sichert bessere Plätze auf dem Schiff.

Die Fahrrinne ist ausgebaggert und die Strecke Nordstrand – Amrum ist auch bei Ebbe befahrbar. Bei Ebbe ist sie noch erheblich interessanter als bei hohem Wasserstand, auf allen Seiten breite Watten, Sandbänke, zwischen denen sich Wasserrinnen ziehen und auf denen Seehunde faul in der Sonne liegen. Auf Steuerbord liegt eine ganze Seehundfamilie. Gut, dass Gerrit Vöge den Passagieren kurz zuvor erläutert hat, wo denn Steuerbord und Backbord sind und wir nach seiner Lautsprecherdurchsage die Ferngläser in die richtige Richtung halten.

Ganz wichtig auf der Überfahrt: ein Fernglas. Denn nur so lassen sich die Seehunde auf den Sandbänken und die Schweinswale im Meer genau beobachten. Die

reichhaltige Vogelwelt der Hallig erschließt sich sowieso nur mit Fernglas wirklich.

Hinter Strucklahnungshörn passiert die *Adler Express* zunächst die Insel Pellworm, die an backbord vorbei gleitet. (In Richtung des Schiffsbug gesehen ist links backbord und rechts steuerbord). Steuerbord gelegen sehen wir die Hallig Nordstrandischmoor, nördlich von Nordstrand. Langgestreckt mit vier scheinbar aufgereihten Warften, auf denen noch 18 Menschen leben. Immer wieder rissen die Sturmfluten Stücke aus dieser Hallig hinaus, die sich von einst 500 ha auf heute 170 ha verkleinerte. Etwas später folgt ebenfalls an Steuerbord die Hamburger Hallig. Eigentlich ist die Hamburger Hallig keine echte Hallig mehr, denn schon vor über hundert Jahren, im Jahre 1875, wurde ein Damm von der Hallig zum Festland gebaut. Beidseits des Damms verlandet das Watt seither immer großflächiger, man müsste nun doch eher von einer Halbinsel statt von einer Hallig sprechen. Ganz offensichtlich gibt es auf der Hamburger Hallig gar einen Berg, den Schafberg. Es ist die erste Warft, die auf der Hamburger Hallig erbaut wurde, obendrauf steht ein Infohaus des NABU.

Nordstrandischmoor und die Hamburger Hallig sind Reste einer Katastrophe! Die Buchardiflut, die zweite Grote Mandränke, vernichtete am 12. Oktober 1634 weite Teile von Alt-Nordstrand, die die erste Grote Mandränke im 14. Jahrhundert noch übrig gelassen hatte. Seit 1933 ist die Hallig durch einen Damm mit dem Festland verbunden, seit 1975 gibt es hier Strom und fließend Wasser aus der Leitung.

Die *Adler Express* passiert die winzige Hallig Habel, die kleinste aller Halligen, nur ein Haus steht dort auf einer Warft, in dem nur im Sommer ein Vogelwart wohnt, nur er darf die Hallig betreten, Fremde dürfen es nicht. Hallig Habel liegt in der Schutzzone 1 des Nationalpark Wattenmeeres und die Nordsee nagt an diesem kleinen Eiland. Auf einer alten Karte von 1588 ist Hallig Habel noch so groß wie Hallig Hooge, aber bei der zweiten Groten Mandränke 1634 verlor Habel viel Fläche. 1802 wurde die Hallig exakt vermessen, heute besitzt sie nur noch ein Siebtel der damaligen Fläche. Am besten noch rasch ein paar Fotos machen ...

Hallig Gröde, die wir kurz darauf an Steuerbord sehen, ist allgemein aus den Wahlsendungen im Fernsehen bekannt. Als kleinste Gemeinde Deutschlands mit derzeit neun Einwohnern ist Gröde der kleinste Wahlkreis Deutschlands und immer als erstes mit der Stimmenauszählung fertig.

Ebenfalls an Backbord ziehen, wie auf einer Perlenkette aufgereih, die Warften der langgestreckten Hallig Langeness vorbei, dorthin lässt sich von Hooge auch mal

Die alte Pohnswarft

eine Schiffstour machen, aber nun liegt sie vor uns: Hallig Hooge – die Königin der Halligen.

Nicht im Linienverkehr, aber natürlich mit festem Fahrplan, steuern noch verschiedene andere kleine Ausflugsschiffe Hallig Hooge an und bieten von Sylt, Amrum und Föhr Tagestouren an.

Immer mal wieder kommen die *Hauke Haien* und der *Seeadler* auf ihrer Tour nach Föhr und anderen Inseln an Hooge vorbei. Sie passieren die Seehundbänke, bei Ebbe tummeln sich diese dicken Gesellen dort auf den Sandbänken, bei Hochwasser schauen sie ständig neugierig aus dem Wasser, bei glatter See sehen wir gelegentlich die Rückenflossen von Schweinswalen auftauchen. Es lohnt sich, einfach mal mit der *Hauke Haien* zu fahren, von Hooge nach Föhr und wieder zurück, einfach vorne am Bug zu sitzen, sich den Wind um die Nase wehen zu lassen. Inseln und Halligen ziehen vorbei, Seehunde lächeln aus den Wellen heraus und der Japsand scheint endlos groß dazuliegen.

Wir haben noch nicht den ersten Schritt an Land gemacht, da lächelt uns schon Thorsten Junker freundlich an und wünscht uns einen schönen Aufenthalt. Seit Oktober 2014 ist Thorsten Junker Hafenmeister auf Hooge. Er ist der erste Hooger Bürger, dem der Reisende beim Verlassen des Schiffes gegenübersteht, denn direkt am Anleger sorgt er für den reibungslosen Ablauf. Fähren und Schiffe kommen und gehen, müssen an den richtigen Anleger, Passagiere müssen auf das richtige Schiff, denn schon manch einer fuhr plötzlich Richtung Nordstrand, obwohl er doch nach Sylt wollte. Der Hafenmeister hat alles im Griff. Zudem zählt er die an Land

Land unter bei Mitteltritt

gehenden Passagiere, wichtig für die Abrechnung des Brückengeldes. Die Landungsbrücken der Halligen befinden sich im Besitz der Halligen, betrieben und gewartet werden sie von der Hafengesellschaft in Dagebüll. Die Reedereien, deren Schiffe hier anlegen, zahlen für jeden Passagier, der über die Brücke geht, eine Gebühr, das Brückengeld.

Schon länger suchten Thorsten Junker und seine Frau neue Berufe im Norden, irgendwo an der Nordsee. Und da war sie, die Stellenausschreibung als Hafenmeister auf der Hallig Hooge. Sie griffen zu, gaben ihre Fotofachgeschäfte auf, verließen das Festland und wohnen nun auf der Hanswarft und jeden Tag steht Thorsten pünktlich vor Eintreffen der Adler Express am Anleger.Mit seiner Frau und seinen beiden Söhnen zog er auf die Hallig. Seine Söhne, so meint er, wollen schon gar nicht mehr mit, wenn es denn mal für einen Tag aufs Festland gehe.
Sein Lieblingsplatz auf der Hallig ist das Landsende hinter Ockenswarft. Dort an der Badestelle geht er gerne mit seinen beiden Jungs in die Nordsee und entflieht hier der manchmal tagsüber doch recht turbulenten Hallig.

Der Untergang der Uthlande

„Reste einer untergegangenen Landschaft" nannte der Dichter Theodor Storm die Halligen. Das sind sie, winzige Flecken in der Nordsee, die noch nicht von gewaltigen Sturmfluten vernichtet wurden. So kämpfen viele Menschen heute um jeden Meter Land, das tun sie seit Jahrhunderten, aber immer wieder war die Nordsee stärker und wird das sicherlich auch langfristig bleiben. Einst war die Region vor der Küste, das Gebiet der Halligen und Inseln, ein Festland. Es waren die Uthlande, die „Außenlande". Die Uthlande sind untergegangen.

Die Geschichte der Halligen ist die Geschichte der Nordsee und sie begann vor über 100.000 Jahren. Vom Grunde her ist die Nordsee gar kein Meeresgebiet, wie die Ozeane, sie ist ein Teil des europäischen Festlandsockels, der gerade mal wieder überflutet ist. Während der vorletzten Eiszeit, der Saale-Eiszeit vor etwa 120.000 Jahren, hatten sich wieder einmal skandinavische Gletscher ins Gebiet der heutigen Nordsee vorgeschoben und die Region lag unter einem mehrere Kilometer dicken Eispanzer. Die Gletscher schoben gewaltige Mengen abgehobelten Gesteins vor sich her, diese Ablagerungen nennt man Moränen. Grundmoränen, wenn sie unter dem Gletscher lagen, Endmoränen, wenn sie vorne vor dem Gletscher lagen. Während der nächsten Warmzeit zogen sich die Gletscher zurück, die Moränen blieben. Das Eis schmolz zu Wasser, der Meeresspiegel stieg an und überflutete das Gebiet der heutigen Nordsee. Die Moränen der Saale-Eiszeit bedecken fast ganz Norddeutschland und bilden die „Geest". Das Festland Schleswig-Holsteins besteht überwiegend aus Geestsedimenten, aber auch die größeren Inseln besitzen einen Geestkern, um den herum sich jüngere Sedimente sammelten. Die Halligen besitzen keine Geestreste.

Vor 20.000 Jahren, während der bisher letzten Eiszeit, der Weichseleiszeit, war erneut so viel Wasser in Gletschern gebunden, dass der Meeresspiegel 100 Meter tiefer lag als heute, das Gebiet der Nordsee war Festland. Vor 7500 Jahren war die heutige Küstenlinie in etwa erreicht. Aber in den nächsten Jahrtausenden stieg das Meer mal an, mal sank es ab, an der Küste bildeten sich Moore, die wiederum von Meeressedimenten bedeckt wurden. Vor der ostfriesischen Küste entstanden durch Sandablagerungen vor der Küste Inseln, hinter denen sich das Wattenmeer entwickelte. Das Nordfriesische Wattenmeer aber ist ein Produkt der zerstörerischen Wirkung der Nordsee. Ursprünglich war das Gebiet des heutigen nordfriesischen Wattenmeeres

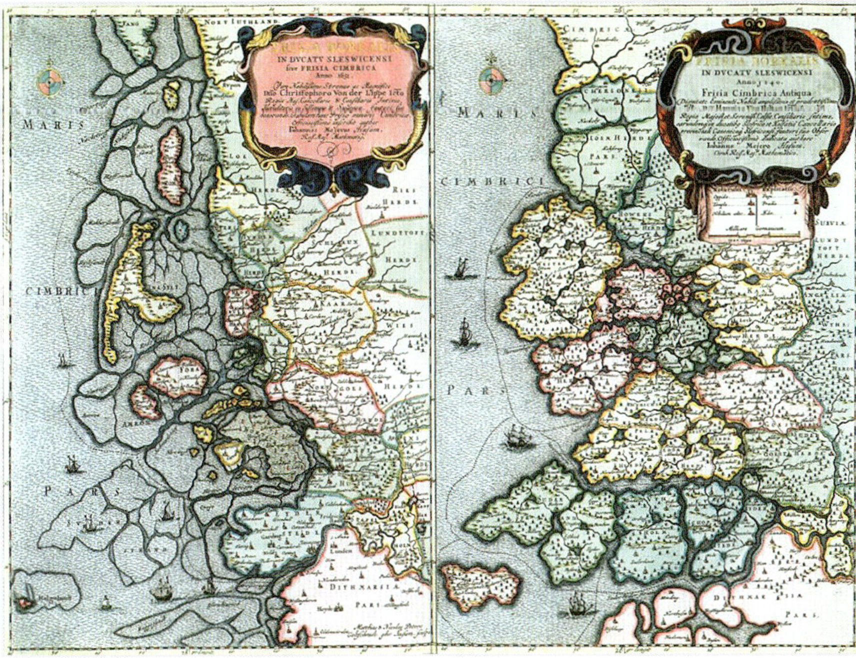

Karte Nordfrieslands von Johannes Mejer, Mitte des 17. Jahrhunderts

Festland, Geestsedimente bedeckten diese Gebiete, südlich von ihnen schlossen sich große Marschgebiete an, fruchtbares Schwemmland. Alte Landkarten zeigen die ursprüngliche Größe der Insel Nordstrand, auf der auch das heute legendäre Rungholt lag. Der Dichter Liliencron bezeichnet Rungholt als Stadt, was seither von vielen Seiten zitiert wird, viele Veröffentlichungen sprechen von der Stadt Rungholt. In Realität war es wohl eher eine größere Ansammlung von Warften mit einem Sielhafen und einer größeren Kirche, eine Stadt, so wie wir sie uns heute an der Küste vorstellen, hat es dort wohl kaum gegeben. Aber wie auch immer, Rungholt wurde von der Flut vernichtet und im Watt finden sich noch Spuren.

Wo heute Wattenmeer ist, war einst Festland, durchzogen von einigen Prielen. Eine ganze Reihe von gewaltigen Sturmfluten aber zerfetzten dieses Land, spülten Menschen, Vieh und Gebäude ins Meer, rissen Teile vom Festland ab und schufen so neue Inseln. Die großen Inseln Nordfrieslands Föhr, Sylt und Amrum besitzen Geestkerne. Die Halligen aber sind Reste der Marsch, ohne Moränenreste, keine Überreste des ehemaligen Nordfrieslands, eigentlich nur zusammengespülter Schlick und dementsprechend labil und gefährdet.

Schon im 8. Jahrhundert besiedelten die Friesen das Gebiet, das aber immer noch regelmäßig unter Wasser stand. Zu allem Überfluss bauten die Friesen auch

Die Halligen um 1650

noch die großen Torfvorkommen an der Küste ab und legten die Marsch tiefer, sie wurde für Überflutungen noch anfälliger. Erst im 11. Jahrhundert erfolgten erste Küstenschutzmaßnahmen. Am 16. Januar 1362 veränderte eine gewaltige Sturmflut das Land grundsätzlich. Die „Erste Grote Mandränke" spülte große Teile des Marschlandes weg, vernichtete über hundert Dörfer und Städte, darunter auch Rungholt und ertränkte viele Menschen. Immer wieder wird die Zahl von 200.000 Opfern genannt, diese gewaltige Zahl wird von Historikern jedoch angezweifelt. Bis an den Geestrand drangen die Fluten vor, von der Marsch blieb nicht viel, ein paar Reste jedoch, an die auch neues Material angeschwemmt wurde – die Halligen entstanden.

Keine dreihundert Jahre später zog die nächste Katastrophe herauf, die „Zweite Grote Mandränke" am 11. Oktober 1634. Die damals noch große Insel Strand wurde zerrissen, übrig blieben Nordstrand, Pellworm und die Hallig Nordstrandischmoor. Über 9000 Menschen ertranken, über 1300 Höfe versanken im Meer. Hooge selbst verlor viel Land, einige Warften wurden ins Meer gerissen.

Während der Halligflut 1825 ertranken zum letzten Mal Menschen auf Hooge, wieder wurde die Hallig kleiner, wieder wurden Warften vernichtet. Damit sollte endlich Schluss sein, in den Jahren 1911-1914 wurde Hooge von einem Sommerdeich umgeben. Der stabilisiert einerseits die Küste, andererseits verhindert er Überflutungen

Land unter auf der Hallig, historische Postkarte

der Hallig im Sommer. In den 50er Jahren wurden auf der Hooger Westerwarft, die seinerzeit nicht genutzt wurde, Deicharbeiterhäuser errichtet. Deicharbeiter zogen hierhin und arbeiteten an der Sicherung der Hallig, denn ganz allgemein war mittlerweile die Bedeutung der Halligen als Küstenschutz für das Festland erkannt worden. Nach der „Hamburger Sturmflut" 1962, die große Teile Hamburgs überschwemmte und durch Helmut Schmidts legendäres Katastrophenmanagement in die Geschichte einging und die auch auf den Halligen große Zerstörungen hervorrief, wurde auch Hooge nahezu komplett renoviert. Viele Häuser wurden neu gebaut, denn die meisten wurden bei dieser Sturmflut zerstört. Häuser, die neu aufgebaut wurden, bekamen einen Schutzraum, bei manchen anderen wurde der Schutzraum außen als Anbau angebracht, der auch bei schwersten Sturmfluten standhalten soll, wenn das ganze Haus ringsum weggespült wird. Auf der Westerwarft stehen noch alte Häuser, kaum eines dort hat einen Schutzraum.

Das Leben auf Hooge war anders als auf dem Festland. Es gab weder fließend Wasser noch Strom. Um Süßwasser zu nutzen, wurde Regenwasser im Fething in der Warftmitte und in Zisternen gesammelt. 1959 wurde von Pellworm aus ein Stromkabel nach Hooge gelegt, 1968 wurde ebenfalls von Pellworm eine Wasserleitung in den Wattboden gelegt. Erst jetzt war die Trinkwasserversorgung der Hallig gesichert.

Begegnungen auf der Hallig

Matthias Piepgras

Auf Westerwarft treffen wir Matthias Piepgras, er war bis zum Sommer 2018 Bürgermeister von Hallig Hooge, zudem war er Amtsvorsteher (so eine Art Bezirksbürgermeister) für das Amt Pellworm, das umfasst die Halligen und die Insel Pellworm, für Hooge saß er im Kreistag. Ein Job, der viel Zeit kostet und der wichtig ist für Hooge, denn eine winzige Gemeinde wie eine Hallig, so wichtig sie auch für den Küstenschutz ist, hat große Ausgaben und wenig Einnahmen und bedarf der öffentlichen Unterstützung. Da muss ein Bürgermeister schon an vielen Orten präsent und gut vernetzt sein, sowohl im Landkreis und als auch bei der Kieler Landesregierung. Natürlich macht sich ein Bürgermeister nicht nur Freunde, wenn er sich um die Einhaltung der öffentlichen Regeln bemüht – wozu er auch noch verpflichtet ist. Muss er sich von Gesetzes wegen um Ordnungswidrigkeiten kümmern, macht er sich damit den einen zum Freund, während sich der andere schon mal verständnislos zeigt. Das kann stressig werden, aber Matthias Piepgras hat diesen Job 10 Jahre lang gemacht und sich für das Wohl der Hallig eingesetzt. Da tun sich so wichtige Aufgaben wie die Optimierung des Rettungsweges und der Krankenversorgung auf. Kam früher der Rettungshubschrauber u.a. auch mal von Helgoland, nicht gerade der nächste Weg, so startet er jetzt in Niebüll oder Sankt Peter Ording und landet 15 Minuten nach dem Notruf auf Hooge. Auch den Neubau des Markttreff-Gebäudes auf der Hanswarft im Jahre 2018 hat er tatkräftig forciert, damit die Gemeinde endlich einen moderneren Kaufmannsladen, ein dringend benötigten größeren Sanitätsraum, mehr Raum für die Verwaltung und Wohnungen für die Gemeindemitarbeiter bekommt. Einer seiner größten politischen Erfolge aber war es, nach dem Sturm Xaver die Landesregierung von einem Aufwarftungsprogramm zu überzeugen und somit langfristig die Hallig hoffentlich vor dem Untergang zu bewahren.

Nach zehn Jahren aber wollte er der durchaus stressigen Tätigkeit endlich ein Ende setzen, mehr Ruhe finden, endlich die Hallig genießen und stellte sich nicht mehr zur Wiederwahl.

Katja Just

Seine Nachfolgerin wurde die Ex-Münchnerin Katja Just, bekannt durch etliche Auftritte in Fernsehtalkshows und ihr Buch „Barfuss auf dem Sommerdeich“, das gar den Sprung in die Spiegel-Bestsellerliste schaffte. Als dann im Frühjahr 2018 Kommunalwahlen anstanden und sich etliche Hooger Bürger zur Wählergemeinschaft außerhalb der klassischen Parteien zusammenfanden, kandidierte Katja Just für die Wählergemeinschaft. Diese stellte zunächst keinen Bürgermeisterkandidaten auf, zog aber mit drei Abgeordneten in die Gemeindevertretung. Obwohl sie zuvor erklärt hatte, für das Amt der Bürgermeisterin nicht zur Verfügung zu stehen, wurde es ihr angetragen, sie hatte einfach die meisten Stimmen erhalten und wurde dann auch von der Gemeindevertretung einstimmig gewählt. Sie will sich voll und ganz dem Ziel widmen, das Miteinander der Halligbewohner zu stärken und auch den Tourismus wieder in bessere touristische Bahnen zu lenken. Hooge hat in den letzten drei Jahren zwei Restaurants verloren, die Öffnungszeiten der restlichen sind nicht immer im Sinne der Touristen und auch die Zukunft des Hallig-Museums ist ungewiss. Nun hat es erst mal ein Ende mit langen Abenden am Deich am Landsende und viel Gartenarbeit, denn der Bürgermeisterjob sei ein echter Fulltimejob.

Übrigens zogen nach der Kommunalwahl im Frühjahr 2018 drei Abgeordnete der Wählergemeinschaft, drei der SPD und ein Abgeordneter der CDU in die Hooger Gemeindeverwaltung ein.

Schüler und Shopper kennen Swantje Boyens. Mit ihrem Mann Leif Boyens betreibt sie das „Schullandheim Ferienwarft“ auf der Volkertswarft, Unterkunft für zahllose Jugendgruppen. Ursprünglich war sie alpin verortet und ist dennoch auf diesem

Swantje und Leif Boyens

platten Flecken Erde gelandet. Noch unverheiratet studierte Swantje Paprotta in München Geographie, da sollte man doch denken, sie liebt die Alpen, geht klettern, diskutiert über den Schwund der Gletscher und das mühsame Leben der Almbauern und ist wahrscheinlich mit einem Bergführer zusammen. Nichts davon trifft zu. 1998 begleitete die geborene Nürnbergerin eine Jugendgruppe als Betreuerin auf die Hallig Hooge, wohnte damals schon auf Ockelützwarft und hatte ihre zukünftige Heimat, Volkertswarft, täglich im Blick, noch ahnungslos, was ihr die Zukunft bringen würde. Anthropogeographie studierte Swantje dann in München und wollte eine Diplomarbeit auf der russischen Halbinsel Kamtschatka schreiben. Letztendlich aber diplomierte sie über die „Akzeptanz des Nationalparks Schleswig-Holsteinisches Wattenmeer bei den Bewohnern der Hallig Hooge". Akzeptanz kam da nur eingeschränkt zum Vorschein, Akzeptanz wäre doch eher aktive Unterstützung, die Hooger fanden den Nationalpark gut, aber Naturschutz hätten sie doch schon immer betrieben.

Für Leif war da doch diese Münchner Blondine nicht uninteressant, die jetzt bei den Boyens auf Volkertswarft wohnte und nach ihren Untersuchungen zwar nach München reiste, aber kurz danach wieder zurück kam und sich wiederum auf Volkertswarft einquartierte. Dieser junge Boyens sieht ja auch verdammt gut aus und schon wusste man beim Halligkaufmann zu erzählen, die beiden seien jetzt ein Paar – auch wenn die beiden selbst es noch gar nicht wussten. „Die Hallig zu verlassen, kann ich mir derzeit überhaupt nicht vorstellen", meint Swanje, „nur wenn Leif weggehen sollte, dann gehe ich mit". Aber der will auch nicht weg. So betreiben sie den Ferienhof Volkertswarft für Schulklassen und Jugendgruppen. Swantje kocht und erklärt den Jugendlichen die Hallig, das Watt, wandert als zertifizierte Führerin durch das Watt und liebt das endlose platte Land, die Ringelgänse, den Wind, die Möwen und natürlich den Leif. Segeln kann sie mittlerweile auch, glücklicherweise. Hätte sie sonst diesen einmonatigen Segeltörn von Hooge an die französische Küste nach Le Havre machen können? Von wo es weiter nach Helgoland ging? Wo ihr Leif bei

Windstärke 7 einen Heiratsantrag machte? Das JA kam trotz des pfeifenden Windes gut rüber.

Bleiben noch die Shopper. Leif und Swantje Boyens betreiben die Halliggalerie auf Hanswarft.

Hartmut Dell Missier

Er sitzt still am Sommerdeich, vielleicht auch hinter einem Zaunpfosten, unbeweglich mit angelegter Kamera. Hartmut Dell Missier ist Halligfotograf und ist bei jedem Wetter und zu jeder Tages- und Jahreszeit auf Hooge unterwegs, stets auf der Suche nach neuen Motiven für Postkarten, Kalender und Multivisions-Vorträge. Oft sind seine Motive die vielen Vögel der Hallig, er fällt deshalb nicht so auf, Ruhe und Stillhalten ist hier gefragt. Dies sind die schönsten Fotostunden, an denen sich andere noch im Bett befinden oder schon gemütlich mit einem Glas Tee vor dem Haus sitzen. Im Sonnenauf- und Sonnenuntergang ist nun mal das Licht besonders reizvoll und es bieten sich die schönsten Motive.

Und wenn er nicht fotografiert, finden wir ihn im Tourismusbüro auf Hanswarft, wo er auch abends gelegentlich informative und humorige Multivisonsvorträge über die Geschichte, die Kultur und die Natur der Halligenwelt hält.

Hauke Ketelsen

Im Gegensatz dazu fällt Hauke Ketelsen immer ins Auge. Er ist der Postbote der Hallig, mit seinem gelben

Erco Lars Jacobsen

Michael Klisch

Postauto ist er täglich unterwegs, wenn die Fähre *Hilligenlei* die Post mitgebracht hat. Er leert die Briefkästen auf Hanswarft, Backenswarft, Ockelützwarf, Volkertswarft und Ockenswarft, bringt Briefe und Pakete ins Haus, nimmt Pakete mit und verkauft auch Briefmarken. Ein Allround-Dienstleister. Nur manchmal lässt er alles stehen und liegen und ist ausgesprochen schnell unterwegs: Hauke Ketelsen ist auch Mitglied der Freiwilligen Feuerwehr Hallig Hooge. Glücklicherweise muss er ausgesprochen selten zur Spritze greifen, aber auch bei anderen Notfällen und wenn der Rettungshubschrauber landet, rückt die Hooger Feuerwehr aus.

Erco Lars Jacobsen liebt Lämmer und das, was man daraus macht. Er züchtet Schafe, die auf den salzigen Wiesen der Hallig am Gras und an den Kräutern knabbern, dabei das Halligland sichern und sich gleichzeitig den köstlichen Salzwiesenlammgeschmack aneignen. Seine lammliebe.de-Produkte gibt es auf der Hallig exklusiv im Hallig-Café *Zum Blauen Pesel* auf der Backenswarft. Es lohnt sich, einmal davon zu kosten, egal ob des Abends auf der Hallig oder erst wieder zuhause.

Und wenn Sie irgendwelche Fragen haben, Erco L. Jacobsen steht dem Halliggast im Tourismusbüro auf der Hanswarft beratend zur Verfügung, egal, welches Problem Sie gerade haben.

Vielleicht begegnen Sie mitten im Watt Michael Klisch. Er ist seit 2005 hauptamtlicher Leiter der Schutzstation Wattenmeer auf Hallig Hooge und derzeit stellvertretender Bürgermeister. Seine Aufgaben umfassen die Kartierung des Wattbodens, Vogelzählungen, Spülsaum-Monitoring (so nennt man heute die Strandmüll-

Erfassung), Seminare im Nationalpark-Seminarhaus, Wattführungen, eben alles, was der Naturschutz in einem Weltnaturerbe erfordert.

Nachdem er bei der Schutzstation Wattenmeer auf Hooge seinen Zivildienst geleistet hatte, hat ihn das Wattenmeer nicht mehr losgelassen. Nach beruflich anderer Orientierung auf dem Festland kam er aus persönlichen Gründen 2003 wieder auf die Hallig und engagiert sich nun zusammen mit einem Team von jungen Freiwilligen ganzjährig für das Wattenmeer.

Sein Ziel ist es, die Menschen für das Wattenmeer zu sensibilisieren, ihnen seine Bedeutung und seine Schönheiten nahe zu bringen ... denn nur wer das Wattenmeer liebt, wird für dessen Schutz aktiv werden. Rund 700 Veranstaltungen im Jahr bietet die Schutzstation Wattenmeer, zweifelsohne wäre Hooge ohne die Arbeit dieser Institution um so manche Attraktion ärmer.

Begegnungen der ganz anderen Art sind Bisamratten, die schon mal in den Prielen oder Entwässerungsgräben herumschwimmen oder an deren Rand herumsitzen und irgendein Grünzeug knabbern. So putzig diese größte Wühlmausart auch anzuschauen ist, beliebt sind die Tiere gerade im Deichbau nicht. Sie legen unterirdische Baue an, beeinträchtigen die Festigkeit der Deiche dadurch oft erheblich und können ein Risiko für den Küstenschutz darstellen.

Die Jahreszeiten

Jahreszeiten auf Hooge sind wohl etwas extremer als anderswo und auch ihre Auswirkungen sind hier deutlicher zu spüren.

Am schönsten und spannendsten ist das Frühjahr, die Luft wird wärmer, die kleinen rosa Nelken blühen in unendlicher Zahl, endlich gibt es Stunden, in denen wir nur im T-Shirt draußen sitzen können. Dann kommen sie auch mit tausendfachem Geschrei: die Ringelgänse. Überall watscheln diese lustig anzusehenden dickbäuchigen Vögel herum, fressen den letzten Grashalm weg. Auch andere Zugvögel sind wieder da, nach dem eiskalten Winter taut Hooge auf und wird zum Leben erweckt. Endlich Sonne, endlich Wärme, endlich draußen sein, wenn auch nicht so lange, denn des Abends wird es doch noch oft empfindlich kalt.
Neben den Ringelgänsen kommen auch die ersten Tagestouristen, lange waren sie ausgeblieben, aber die Saison beginnt, die *Adler Express* ist wieder unterwegs und im Dreieck zwischen Backenswarft, Hanswarft und Kirchwarft füllen sich die Wege mit Spaziergängern.

Obwohl, der Sommer ist eigentlich noch reizvoller. Überall blühen Blumen, sie sind nicht besonders hoch, weil doch noch des Öfteren ein rauher Wind über den flachen Marschrest namens Hallig pustet und die Vegetation niedrig hält. Aber es überströmt ein Duft die Hallig, der sonst fehlt. Die Ringelgänse sind weg, sie sind jetzt in Sibirien, das Geschnatter fehlt und auch die gigantischen Massen an Kotwürstchen sind zerfallen und verschwunden. Statt Ringelgänsen schwirren zahllose Bienen über die Hallig, ihre Basis, die Bienenstöcke, stehen auf der Wiese neben Mitteltritt und sie produzieren einen wunderbaren Hallighonig, der in den Halligläden erhältlich ist. Neben der Sorte „Halligblüte mit Klee" finden wir im Regal auch die Sorte „Strandflieder". Ganz offensichtlich gibt es so viel Strandflieder gar nicht auf Hooge und die Hooger Bienen können diese Geschmacksrichtung nicht sammeln. Tatsächlich kommt dieser Honig von der Hallig Langeness, schmeckt etwas herber, aber nicht minder köstlich. Im Sommer ist es auf Hooge oft herrlich warm, da liegen wir gut mit Schutzcreme versehen im Strandkorb, zu stark strahlt die Sonne aufs Wattenmeer. An den Badestellen ist das Nordseewasser angenehm warm und abends sitzen wir lange, sehr lange auf der Warft, essen draußen und genießen mit Blick in den Sonnenuntergang ein Glas Wein.

Tagsüber ist die Hallig, zumindest der Bereich des schon zuvor erwähnten Hooger Dreiecks, oft sehr voll, hunderte Tagestouristen sind unterwegs. Wer aber diesen Bereich verlässt findet auch stille Ecken und für die Gäste der Hallig, die ein oder zwei Woche bleiben, tritt ab 17 Uhr wieder die gesuchte Hallig-Idylle ein.

Sommer auf der Hallig kann auch kalt sein

Honigbienen produzieren wunderbaren Hallighonig

Aber was ist all das gegen den Herbst? Die Zeit, in der der Wind zurückkommt, die Ringelgänse aus Sibirien auf dem Weg an die französische Küste mal wieder vorbeischauen? Im Herbst steht die Sonne tiefer, die Tage werden kürzer und über das Wattenmeer fegen oftmals kräftige Winde. Stürme mögen dabei sei. Es ist eine Zeit, die spürbar ist. Es ist eine Zeit für Menschen, die eine wilde Natur lieben und spüren möchten, die es mögen, wenn ihnen der kräftige Wind um die Nase bläst. Man sitzt nach einer kleinen Wanderung drinnen, wer Glück hat, sitzt am Kamin, heißer Tee verwöhnt und draußen ziehen schnell die Wolkenberge vorbei. Mag sein, dass ein Sturm kommt.

Im Winter ruht die Hallig, die Vögel scheinen festgefroren, eisige Winde lassen scheinbar unseren Atem erstarren. Die Hallig ist von Schnee und Eis überzogen, an den Zaunpfählen der Kuhweiden hängen die Eiszapfen nicht nach unten, sondern stehen waagerecht, der dauernde Wind lässt sie so erstarren. Der Winter ist eine Zeit der Ruhe, das Eis und der Schnee schlucken Geräusche und Bewegungen, die Sicht ist weit und klar. Manchmal aber brüllt die Nordsee. Nur wenige Langzeittouristen verirren sich in dieser Zeit auf die Hallig, die Restaurants haben geschlossen, aber hat eines mal geöffnet, ist die Stimmung dort drin so gemütlich und heimelig wie wir es nur aus Filmen kennen. Der Winter auf Hallig Hooge ist eine besondere intensive Jahreszeit. Aber zweifelsohne, er ist die schönste.

Alle Jahreszeiten haben ihren Reiz auf Hallig Hooge. Wir müssen nun nur noch unsere Lieblingsjahreszeit finden.

Kommerzielles und kulturelles Zentrum:

Hanswarft

Wenn sich auf der Hallig irgendwo etwas abspielt, dann überwiegend auf Hanswarft. Mitten auf der Hallig finden sich so ziemlich alle wichtigen Institutionen, angefangen vom Tourismusbüro über die umfangreichste Restaurantszene, teils mit Öffnungszeiten, dass man fast von Nachtleben zu sprechen versucht ist. Vor allem gibt es auf Hanswarft den Halligkaufmann, das Sturmflutkino und die medizinische Versorgungsstation und es gibt Shoppingmöglichkeiten.

Die Restaurantszene ist in einem anderen Kapitel ausführlich beschrieben, vor allem die T-*Stube* hat im Sommer und bei entsprechendem Andrang des Abends recht lange, gar bis Mitternacht, geöffnet.

Jeder Tourist wird auf Hanswarft ankommen, Tagestouristen meist sowieso, denn die Planwagen fahren Hanswarft immer an. Bis zu 600 Touristen können an einem schönen Sommertag die Hallig überfluten, da ist von der Idylle des Wattenmeeres

Fething (Sammelbecken für Regenwasser, diente als Viehtränke) auf der Hanswarft

nicht mehr viel zu spüren. So stürzt man sich ins Getümmel, das auf Hanswarft schon mal mittags recht groß sein kann und besichtigt die Hooger Sehenswürdigkeiten *Heimatmuseum* und *Königspesel*.

Im Museum finden wir die wirklich interessante Sammlung des ehemaligen Postschiffers Hans von Holdt, sehen Dinge und erfahren Geschichten, die das Leben auf der Hallig in früherer Zeit beschreiben. Trachten, Dokumente, Haushaltsgegenstände sind ausgestellt, ein Pesel ist dort nachgebaut und an vielen Ausstellungsstücken wird das Leben der Hooger auf der Fahrt zur See dokumentiert. Auch die Gegend rund um die Hallig ist beschrieben und ausgestellt, viele ausgestopfte Tiere sind zu sehen. Wer auf seiner Wattwanderung keinen Seehund erspäht oder keinen Vogel von Nahem sieht, der kann hier zumindest ausgestopfte Exemplare bewundern.

Im Frühjahr 2019 stand das Gebäude, in dem das Halligmuseum untergebracht ist, zum Verkauf. Die Zukunft des Museums war zu diesem Zeitpunkt ungewiss.

In jedem Fall lohnt sich auch der Besuch im *Königspesel*, einer wunderschönen alten Kapitänsstube, die einst dem Kapitän Tade Hans Bandix gehörte. In diesem Bett ruhte eine Nacht lang im Jahre 1825 der dänische König und schon hatte der Pesel seinen neuen Namen. Seine Majestät wollten sich ein Bild von den Zerstörungen

Frau und Mädchen in friesischer Tracht im Königspesel, alte Postkarte

machen, die die schwere Sturmflut angerichtet hatte. Regelmäßig gibt es Führungen.

Das Leben der Halligbewohner wird vom Meer bestimmt. Mag die Nordsee oft auch ruhig und romantisch sein, gelegentlich brüllt sie auf und kann zu einer echten Bedrohung werden. Wenn der Orkan über dieses Eiland fegt und die Wellen zur Sturmflut werden und die Hallig zu vernichten suchen, dann will das niemand so wirklich gerne erleben. Aber im Kino, da zittert der Besucher mit den Hoogern, im Sturmflutkino wird auf nicht allzu großer Leinwand seit endlosen Jahren der immer gleiche Film gezeigt: Landunter und Sturmflut auf Hallig Hooge. Für die jüngere, cineplex-gewohnte Generation auch deshalb ein Erlebnis, weil hier ein Kinoerlebnis wartet, das an Zeiten erinnert, als noch der Filmvorführer ins Dorf kam. Unser Urteil: unbedingt erleben!

Der Tourist braucht Andenken und die gibt es in der *Sturmflutgalerie* auf Hanswarft reichlich. Ein ganzer Laden mit allem, was uns irgendwie an die Hallig und ans Wattenmeer erinnert, aber auch mit viel Literatur, Bildern und Landkarten. Manch sinnvolle Ausrüstung findet sich hier zum Überleben bei kaltem und nassem Wetter, aber auch bei schönstem Sonnenschein, aber auch vieles, was einfach nur schön ist. Die *Sturmflutgalerie* ist gleich neben dem Kino, neben der *Sturmflutgalerie* schließt sich

Die Hanswarft um 1938, alte Postkarte

die *Schlemmerluke* an, aus der Fischbrötchen herausgereicht werden – sozusagen der Drive-In der Hallig.

Geshoppt wird auch in der *Hallig-Galerie* von Swantje Boyens in einem reetgedeckten, denkmalgeschützem Uthlandfriesischem Haus, einem der ältesten erhaltenen Gebäude auf Hooge. Im Mai 2019 eröffnete dort in zwei Räumen die Ausstellung „Hallig-Zeitreise", hier hat die Familie Boyens alle nur erdenklichen Gegenstände zusammen getragen, die im Leben der Halligbewohner in den vergangenen Jahrhunderten eine Rolle spielten. Viele alte Bilder und Fotos runden die kleine Museumsausstellung ab. Ein neues Highlight ist der gemütliche, eher museumsartig gestaltete Kinosaal. Filmemachering Swantje Boyens hat schon etliche Filme über die Nordsee und die Halligen gedreht, hier werden auf einem großen Flachbildschirm die dramatischsten Szenen ihres jüngsten Films „Sturmflutwarnung" gezeigt, als die Orkane Christian und Xaver mit nahezu vernichtender Wucht über das Wattenmeer und die Halligen brausten.

Ideal ist die *Hallig-Galerie* für Reisende mit Begleitern, die nicht shoppen wollen, denn direkt nebenan lassen wir uns in der *T-Stube* oder deren Biergarten gemütlich nieder. Oder frau geht mit ihnen direkt in den *Hooger Friesenshop* von Kerstin

Halligkaufmann Lars Sönnichsen

Bendixen, dort gibt es Andenken, Tee und Mitbringsel. Wen das gar nicht interessiert, für den gibt es drinnen und bei schönem Wetter auf der Terrasse Tee, Kaffee, Kuchen und Brötchen mit Galloway-Frikadellen.

Lange Jahre bestand gegenüber der *Hallig-Gallerie* das *Gasthaus Seehund* mit guter Halligküche. Seit Ende 2017 hat es geschlossen und bei Redaktionsschluss stand noch nicht fest, ob der Seehund tatsächlich noch im Jahre 2019 mit einem neuen Pächter wiedereröffnen wird.

Überlebenswichtig für Halligbewohner und Touristen, die länger in einer Ferienwohnung auf der Hallig wohnen, ist der *Halligkaufmann*. Deutschlands kleinster Supermarkt bietet tatsächlich alles, was wir zum Leben brauchen. Zugegeben, die Auswahl ist nicht vergleichbar mit der eines großen Supermarktes in der Großstadt, dafür aber gestaltet sich das Einkaufen erheblich einfacher. Statt lange vor fünf Metern Regal zu stehen und zu überlegen, welches Shampoo für das eigene Haar das beste sei, gibt es hier drei Sorten: eines für fettiges, eines für trockenes Haar und eines für Kinder. Über Wein, Kekse, Zahncreme und Tageszeitungen (erst nach Ankunft der Fähre *Hilligenlei* um 11 Uhr) gibt es hier alles, was gebraucht wird. Toller Service: wer für ein paar Tage auf der Hallig bleibt und in einer Ferienwohnung wohnt, der bestellt zuvor per email und der Halligkaufmann stellt vor Ankunft des Gastes alles in dessen Ferienwohnung ab. Wurst und Käse werden in den Kühlschrank gelegt, das Bier ebenso. Prima ... mit der letzten Fähre ankommen, ab in die Wohnung ... und plopp! Das flenst!

Langjährige Halliggäste werden sich umstellen müssen. Im Sommer 2019 eröffnet auf der Hanswarft der neue *Hooger Markttreff*. Das Haus, in dem der Halligkaufmann lange Jahre zu finden war, ist stark renovierungsbedürftig, die Hooger wünschen sich zudem ein größeres Angebot, seit 2017 war deshalb der neue Markttreff im Bau. So wird Lars Sönnichsen dort einen schöneren und größeren Kaufmannsladen mit jetzt 180 qm statt bisher 140 qm eröffnen, mit größerem Lager und mit Kühlraum, was das Angebot an Fleisch und frischen Produkten verbessern wird.

Der neue Markttreff

Auch die bisher in *Uns Hallig Hus* untergebrachte Sanitätsstation wird größer und besser ausgestattet und zieht in den *Markttreff* um, ins Obergeschoss kommen zudem drei gemeindeeigene Mietwohnungen, damit die Gemeinde auch Wohnungen an neue Gemeindemitglieder vermieten kann, die sich kein eigenes Haus leisten können. Nebenbei erwähnt, so einfach lassen sich auf Hooge auch keine neuen Häuser erbauen, es lässt sich nicht einfach eine Neubausiedlung neben die Warft setzen. Ein Treff mit Infoecke und Ausstellung lässt den *Markttreff* vollkommen erscheinen, Halligbewohner und Gäste können sich dort gemütlich zum Lesen niederlassen, sich bei schlechtem Wetter aufwärmen oder dort einfach gemütlich treffen.

Der gesamte obere Bereich des neuen Markttreffgebäudes ist ein Schutzraum für die gesamte Warft. Da nach 1962 nie wieder auf einer Hallig ein Schutzraum gebaut worden ist, existierten für die Architekten keinerlei Erfahrungswerte und Berechnungsmethoden, wie denn solch ein Schutzraum gebaut werden könne. Ein echtes Pilotprojekt.

Beheizt wird der Bau über Erdwärme. Der hierfür benötigte Strom wird über die auf dem Dach befindliche Photovoltaikanlage gewonnen. Was aus dem alten Haus wird, in dem der Halligkaufmann bisher seinen Laden hatte, war Anfang 2019 noch ungewiss, das renovierungsbedürftige Gebäude stand noch zum Verkauf. Aber … Sie werden es sehen, wenn Sie sich auf der Hanswarft umschauen.

Uns Hallig Hus finden wir ebenfalls mitten auf der Hanswarft. Tourismusbüro und Verwaltung sind hier untergebracht, alle Fragen, die der Tourist hat, können hier geklärt werden. Hier werden Zimmer vermittelt und Anfragen beantwortet, hier gibt es Broschüren und Informationen. Hier gibt es den Versammlungsraum für Theateraufführungen und Versammlungen. Hier begegnet uns auch der Halligfotograf Hartmut Dell Messier, er hat kein Geschäft, ist aber dennoch überall auf der Hallig präsent und sei es in einem Postkartenständer. Wer schöne Fotos von der Hallig benötigt, fragt ihn danach.

Auch auf einer Hallig können Notfälle eintreten. Auf der Südseite der Hanswarft finden wir das Feuerwehrhaus, von dem aus die Freiwillige Feuerwehr Hooge nicht nur zu Übungen ausrückt. Es gibt nämlich keinen Arzt auf Hooge, für kleine und große Krankheiten ist zunächst erst einmal der/die Krankenpfleger(in) zuständig, der/die in der Sanitätsstation in *Uns Hallig Hus* stationiert ist und Anfang 2019 in den neuen Markttreff umzieht. Ist es dann doch ein wirklicher Notfall, sah es früher übel aus. Bis ein Verletzter per Schiff aufs Festland transportiert werden konnte, konnte eine tödlich lange Zeit vergehen. Heute dauert es im Notfall bei besten Bedingungen nur 15-20 Minuten, bis am Horizont der Rettungshubschrauber mit Notarzt auftaucht. Allerdings, bei schlechter Sicht und Nebel und zu schlechtem Wetter können Hubschrauber nicht fliegen. Die Hooger Feuerwehr rückt aus und sperrt die Stelle, an der der Hubschrauber landen wird und in solch einer Situation erlebten wir, dass es sogar auf einer Hallig Verkehrsstau geben kann. Ein Schüler im Landschulheim auf Backenswarft hatte sich ein Bein gebrochen und wegen der Landung des Hubschraubers war die wichtige und einzige Verbindungsstraße zwischen dem Anleger und Hanswarft für ein halbe Stunde komplett gesperrt.

Hallig ohne Wattenmeer? Geht nicht. Wie faszinierend ist das endlose Watt! Glücklicherweise gibt es auf Hanswarft das Nationalparkhaus der Schutzstation Wattenmeer. Ihm und dem Watt aber widmen wir ein eigenes Kapitel.

Austernfischer im Anflug

Halligwanderungen

Hallig Hooge ist kein ausgesprochenes Wandergebiet. Kaum ist man an einem Ende losgegangen, hat man das andere schon erreicht. Wanderwege sind auch nicht ausgewiesen, Wegweiser fehlen, aber in der Sturmflutgalerie auf der Hanswarft gibt es zumindest eine Wanderkarte.

Trotz allem, rein in die Wanderschuhe und los geht es. Wir empfehlen zwei Wanderungen: einerseits die Große Halligumrundung und andererseits die Warftentour mit Sightseeing.

Große Halligumrundung

Länge: 11,5 km • Höhenmeter im An- und Abstieg: jeweils 10 m

Wir starten zu dieser größtmöglichen Wanderung auf Hooge am Anleger, aber natürlich läßt sich die Halligumrundung auch an jeder anderen Stelle der Hallig beginnen. Gut 11 km lang ist diese Tour und auch wenn keine Berge zu erklimmen sind, so empfehlen sich hier in jedem Fall feste Wanderschuhe mit gutem Profil. Nicht nur die Wiesen des Sommerdeiches können rutschig sein, ein großer Teil ist mit derben Gesteinsbrocken befestigt, was einen schwierig zu begehenden Untergrund schafft. Im Herbst und Winter kann bei steigender Flut und Westwind schon mal die ein oder andere Welle über den Sommerdeich schwappen und schon sind die Schuhe durchnässt. Verlaufen ist auf dieser Tour unmöglich, wir kehren immer wieder zum Startpunkt zurück.

Am Anleger stehend, mit dem Rücken zum Wattenmeer, gehen wir links auf den Sommerdeich und erreichen nach wenigen hundert Metern die erste Badestelle. Ist es im Sommer warm genug, lockt die Nordsee! Etwas weiter führt unser Weg über ein Siel, durch das nach einem Landunter das Wasser wieder aus der Hallig hinauslaufen, während bei starker Flut jedoch kein Wasser in die Hallig einlaufen kann.

Hinter der nächsten Kurve stoßen wir auf einen hellen weißen Sand im Meer, wir nennen ihn immer den Vogelsand, weil er das Brut- und Rastgebiet vieler Wasservögel ist. Wer Vögel beobachten möchte, ist hier richtig. Austernfischer, Knutts, Rotschenkel und Seeschwalben halten sich hier in großer Zahl auf. Die vielen Lahnungen hier an der Ostküste der Hallig sammeln Sediment, flaches nahrungsreiches Substrat für die Vögel. Wichtig ist, dass diese Gebiete nicht betreten werden, die Vögel müssen ungestört bleiben. Sie lassen sich sowieso nur mit dem Fernglas beobachten, kommt man ihnen zu nahe, fliegen sie auf.

Weiter führt der Weg den Sommerdeich entlang, bald ist das Landsende hinter Ockenswarft erreicht. Ockenswarft ist immer gut am Funkmast zu erkennen. Auf einem alten Anleger können wir auch bei Flut weit ins Wattenmeer hinaus, an der Badestelle können wir in die Nordsee und keine Stelle ist für den Sonnenaufgang schöner.

Lange führt der Weg nun an Weiden vorbei, uns bieten sich herrliche Bilder von friedlichen Kühen und Schafen auf der einen Seite, vom endlosen Watt auf der anderen Seite. Wir passieren die Norderoogbank, erreichen später den Startpunkt für

Austernfischer an der Westerwarft

Japsandwanderungen bei der Lorenzwarft und machen uns auf den Weg zum westlichen Ende der Hallig. Der bequeme Weg über die Wiese hört auf, wir gehen auf dem mit Granit- und Gneisgesteinen befestigten Sommerdeich entlang, was guten Schuhwerks bedarf. Im Frühjahr blühen in dieser Gegend besonders viele der violetten Strandnelken. Irgendwann erscheint rechts in den Wiesen ein Hügel mit einem Mast mit Messgeräten, die alte Pohnswarft, lange aufgegeben, die ganzen Wiesen rundherum gehören nur den Vögeln, viele Möwen brüten hier, entsprechend laut ist das Geschrei. Auf den Gesteinen des Deiches finden wir immer wieder zerhackte Muscheln und aufbrochene Schneckenhäuser, ausgewürgtes Muschelklein und zerpflückte Krabben. Reich gedeckter Tisch für die Möwen, die sich hier niederlassen, um ihre Beute zu verzehren. Die Westerwarft ist wahrlich die abgelegenste Stelle auf der Hallig, ganz im Westen, ganz am Ende. Wer wirklich Ruhe möchte, wer vollkommen ungestört sein möchte, hier findet er die passende Ferienwohnung. Allerdings: der Weg zum Halligkaufmann ist von hier aus der längste der ganzen Hallig. Wehe dem, der die Butter vergessen hat.

Immer weiter geht es den Deich entlang, nur am Hooger Jachthafen müssen wir wahrscheinlich einen Umweg über die Möwenbrücke machen (beschrieben in der folgenden Wanderung), weil die Brücke über die Hafeneinfahrt meist geöffnet ist.

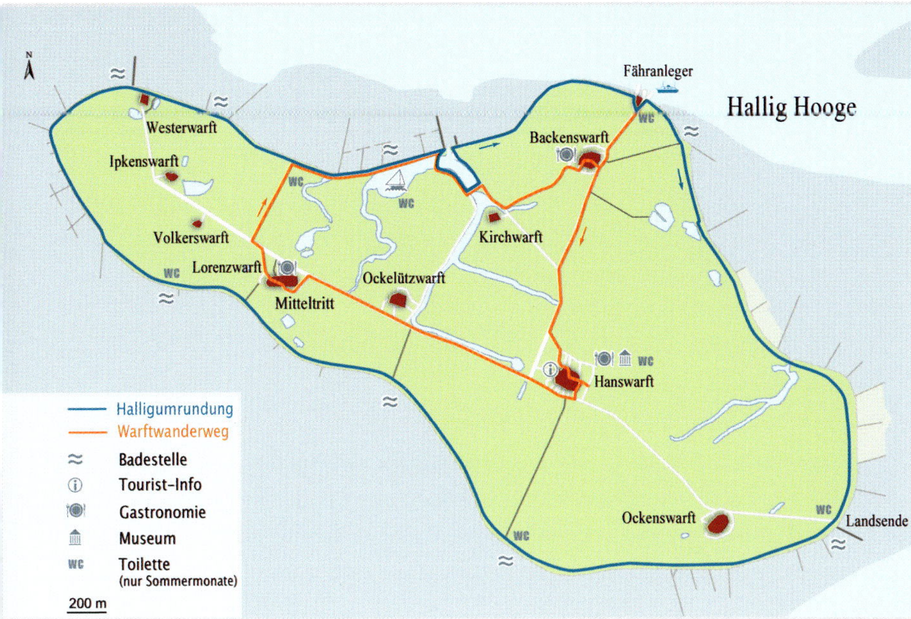

Warftwanderweg

Länge: 6,7 km • Höhenmeter im An- und Abstieg: jeweils 16 m

Der Warftwanderweg führt uns kreuz und quer über die Hallig und zeigt uns auch Sehenswürdigkeiten, die sonst vielleicht übersehen worden wären. Wir starten am Anleger und nehmen Kurs auf Backenswarft, lassen die aber zunächst rechts liegen, denn unsere Wanderung endet hier und dann ist noch Zeit, diese Warft genauer anzuschauen. Wir folgen dem asphaltierten Fahrweg Richtung Hanswarft, die wir schon am Horizont vor uns liegen sehen und nehmen einen der Aufgänge – egal welchen. Wer nach der langen Schiffspassage nun Hunger hat, hier ist das Ziel erreicht, Gasthäuser bieten eine breite Palette kulinarischer Highlights: *Klabautermann*, *T-Stube* und der *Hooger Friesenshop* haben wunderbare Plätze in der Sonne oder auch drinnen, wenn die Sonne nicht scheint. Wir haben die Restaurants im Kapitel Restauranttest beschrieben. Keine Reise ohne Shoppingtour? Die *Sturmflutgalerie* neben dem Sturmflutkino lässt keinen Andenkenwunsch an die Halligreise offen und führt ziemlich viel Wattenmeer-Hallig-Literatur. Im Zentrum der Warft stoßen wir auf die *Hallig-Galerie*, von außen erscheint sie als Schuhgeschäft, verkauft aber alles Hübsche

– außer Schuhe! Die zahlreichen vor dem Haus gestapelten Schuhe sind Strandfunde – so mancher Wattwanderer lässt eben seinen Schuh im Schlickwatt zurück. Der Film im Sturmflutkino ist nicht so lang, dass man diese Pause nicht noch machen könnte und bevor wir die Warft Richtung Westen wieder verlassen, lohnt sich noch der Besuch im *Wattenmeerhaus Hooge*. Aber wir folgen der langen Straße immer geradeaus in Richtung Ockelützwarft.

Auf Ockelützwarft finden sich Schule und Kindergarten der Hallig. Sechs Schüler werden dort derzeit unterrichtet, als Hafenmeister Thorsten Junker mit seinen beiden Jungs 2014 auf die Hallig zog, kletterte die Schülerzahl spontan um 33%. Im Jahre 2015 kam dann die afghanische Flüchtlingsfamilie auf die Hallig und brachte fünf Kinder mit, seither boomen Schule und Kindergarten regelrecht.

Weiter geht es geradeaus an Ockelützwarft vorbei, vor uns liegt bald Mitteltritt. Einstmals waren es zwei Warften, aber mittlerweile sind Mitteltritt und Lorenzwarft zu einer Warft zusammengewachsen. Wir gehen links in den Weg um die Warft herum und stoßen am dritten Haus auf den Hofladen des Bingehofs. Wurst- und Fleischwaren, Hallighonig und Weine aus biologischem Anbau lassen uns hier das Wasser im Munde zusammen laufen. Der Wein wurde nicht auf Hooge angebaut, eine Warft mit Weinstöcken suchen wir dann doch vergeblich. Aber der Honig ist von Hooge. Im Mai kommen Pensionsbienen vom Festland und bleiben bis September, fliegen über Klee und Blüten und sammeln einen feinen Honig.

Nur zweihundert Meter weiter erreichen wir *Frerks Bauernhus*, wer eine Pause braucht und spät genug dran ist, der kann ab 13 Uhr einkehren. Wer keine Pause braucht und bei schönem Wetter einen freien Strandkorb erspäht, der sollte einfach etwas trinken. Der Garten vor dem Haus hat auch Lieblingsplatzcharakter.

Hinter Mitteltritt führt der Warftwanderweg links ab auf die Hauptverbindungsstraße zwischen Hanswarft und Westerwarft. Wer das Ende der Hallig Hooge kennen lernen möchte, kann nun immer geradeaus bis zur Westerwarft wandern und sehen, was wirkliche Abgeschiedenheit bedeutet. Ansonsten gehen wir nach nur 30 Metern rechts ab in den schmalen Fußweg zwischen den Kuhweiden, der uns immer geradeaus auf einen Bauwagen am Sommerdeich zuführt (für alle Fälle: dies ist ein Toilettenhäuschen). Dort halten wir uns wiederum rechts und spazieren auf dem Deich entlang, bis wir an der Schleuse des Hooger Jachthafens sind. Geradeaus geht es meist sowieso nicht, wir gehen rechts über die schmale Brücke, auf das Häuschen mit den hohen Stelzen zu. Es ist das Haus des Hooger Segelclubs mit Serviceräumen für alle hier anlegenden Segler. Unter der Brücke lassen sich

Jachthafen bei Ebbe

insbesondere bei Ebbe ziemlich viele Vögel oder der letzte Hooger Krabbenkutter beobachten.

Am Ende des Hafens überqueren wir eine Brücke, die links über das Wasser führt. Manchmal, nämlich dann, wenn die Flut aufläuft und das Wasser in den Halligpriel einströmt, werden mit dem einströmenden Wasser viele kleine Fische mit hereingespült. Das wissen die vielen Lachmöwen, die auf dem Brückengeländer sitzen und sich immer wieder ins Wasser stürzen – und manchmal ein Fischlein erbeuten. Ein herrliches Spektakel!

Dann ist die Kirchwarft erreicht, die Hooger Kirche ist unbedingt einen Besuch wert. Wir haben ihr ein eigenes Kapitel im hinteren Teil des Buches gewidmet. Weiter geht es links des Weges Richtung Backenswarft, an der Backenswarft können wir neben dem *Friesenpesel* ins Warftinnere gelangen. Hier finden wir im Haus 1a die einzige Bank der Hallig, eine Filiale der Husumer Volksbank, bei der man zwischen 10 und 11 Uhr mit EC-Karte Geld abheben und einzahlen kann. Wir umrunden den zauberhaften Fething, vielleicht lockt uns das Hallig-Café *Blauer Pesel* oder wir verlassen die Warft wieder und gehen zurück zum Anleger.

Das Watt, der Jappsand und die Schutzstation Wattenmeer

Blasentang

Rippelmarken

Überall nur Watt, rundherum. Hooge ist vom Watt umzingelt. Jeden Tag pirscht sich die Nordsee zweimal an, jeden Tag zieht sie sich zweimal zurück. Das Wattenmeer ist die eigentliche Sensation! Kaum etwas ist faszinierender als das Watt und deshalb wurde das Wattenmeer 1985 zum Nationalpark erklärt und ist seit 2009 UNESCO Weltnaturerbe. Es hat damit den höchsten Schutzstatus, den die Völkergemeinschaft vergeben kann, der aber immer wieder durch industrielle Massnahmen ad absurdum geführt wird. Stellen wir uns nur die Folgen einer Ölpest in diesem extrem empfindlichen Ökosystem vor. Aber dennoch wird im Wattenmeer nach Öl gebohrt. RWE Dea betreibt die Ölbohrplattform Mittelplate im Schleswig-Holsteinischen Wattenmeer, eine üble Wunde in der Ökologie des Watts. Die Erdölindustrie möchte gerne weitere Bohrungen niederbringen.

Wir wollen nun hier nicht auf die Ökologie und die Entstehung des Watts eingehen, darüber wurden dicke und gute Bücher geschrieben. Wir möchten Ihnen das Watt empfehlen, lernen Sie es kennen. Kaum ein Platz ist besser geeignet als die vom Watt umgebene Hallig Hooge. Nehmen Sie sich Zeit für das Watt, gehen Sie es besuchen, fassen Sie es an.

Unbedingt sollten Sie das *Wattenmeerhaus* auf der Hanswarft besuchen, das seit Jahren von Michael Klisch geleitet wird. Dort sammeln Sie viele Informationen über das Wattenmeer und seine Bewohner, über Sedimentologie und Sand und Schlamm und Schlick. Sie bewundern in Aquarien die Bewohner des Watts, die sich Ihnen bei einer Wattwanderung vielleicht gar nicht zeigen. Im Wattenmeerhaus gibt es auch die Möglichkeit zu wohnen, gerade für Schulklassen und andere Gruppen ist das interessant, denn zudem können hier Experimentierkurse eingeplant werden. So ausgestattet mit Informationen über Krabben, Schnecken und Wattwürmer ziehen Sie los.

Auf der Wattwanderung

Setzen Sie sich doch mal auf eine dieser lange Steinbuhnen, die rund um die Hallig ins Watt hinausragen. Nicht ganz hinten und nicht so lange, bis die Buhne wieder komplett vom Meer umspült ist, aber setzen Sie sich dorthin und schauen Sie zu, wie das Wasser kommt. Langsam aber sicher läuft die Flut auf, um Sie herum blubbert es, denn das Wasser kommt auch von unten aus dem Boden, Krabben flitzen herum und immer wieder landet ein Vogel, der auf der Jagd nach diesen Krabben ist oder mit seinem langen Schnabel einen Wattwurm aus der Tiefe heraus zieht. Schauen Sie sich den Sand an der Buhne doch einmal ganz genau an. Ist es Sand? Oder sind es Millionen winzige Wattschnecken?

Wer im Watt war und keine Wattwanderung mitgemacht hat, der hat das Watt nicht erlebt. Aber Vorsicht, gehen Sie nicht allein hinaus ins Watt. Was jetzt noch trocken liegt, wird plötzlich zur Insel, weil sich bei auflaufender Flut ein Priel mit Wasser füllt und den Rückweg versperrt. Die Schutzstation Wattenmeer bietet regelmäßig Wattwanderungen an, abhängig von den Tiden finden sie zu immer wieder unterschiedlichen Zeiten statt. Unbedingt sollten Sie sich eine Japsandwanderung gönnen. Von der Küste vor der Warft Mitteltritt zieht der Wattenmeerführer mit Ihnen hinaus zum am Horizont sichtbaren Japsand, eine Sandbank weit draußen vor der Küste, die auch bei Flut nicht komplett überspült wird. Hier sammeln sich

Foto links: auf dem Japsand *Im Wattenmeerhaus*

bei Flut die vielen Vögel des Watts und manchmal lässt sich ein Mitarbeiter der Schutzstation Wattenmeer dort einspülen, vom Meer einschließen, um die Vögel besser zählen zu können. Sie aber müssen nicht so lange dort bleiben, nach einer vierstündigen Wattwanderung sind Sie wieder am Ufer und kennen nun Wattwürmer, Sandklaffmuscheln, Schwertmuscheln, die Eier des Blattwurmes, die Wellhornschnecke und ihre Laichballen und auch die Miesmuschelbänke zerstörenden Pazifischen Austern. Sie wandern über das feste Sandwatt und verlieren vielleicht einen Schuh im Schlickwatt, Sie lernen Rippelmarken, Priele und Muschelfallen kennen und spüren den rauhen Wind der Nordsee. Mit der Schutzstation Wattenmeer gehen Sie auf vogelkundliche Exkursionen und lernen die Vögel des Watts kennen. Von da an sitzen Sie am Sommerdeich und benennen die Vögel mit Namen. Denken Sie daran, für eine Reise auf die Hallig ein gutes Fernglas mitzunehmen. Auf botanischen Exkursionen werden Sie auf der Erde herumkriechen, Pflänzchen sammeln, bestimmen und verkosten und allerhand von dem kennen lernen, was Ihnen dort so blüht.

Hooge ist ein Paradies für Beobachter. Nehmen Sie unbedingt einen der gängigen Naturführer über das Wattenmeer mit und versuchen Sie, all diese Pflanzen, Lebewesen und Sedimentstrukturen wieder zu erkennen. Sie werden merken, dass Sie dabei auch ganz wie von selbst zur Ruhe kommen und Gelassenheit finden.
www.schutzstation-wattenmeer.de/unsere-stationen/hooge/

Wenn die Seele baumelt - Lieblingsorte auf Hooge

Lieblingsorte, wer diese hat und sich dort aufhalten kann, dem ist das Glück wahrlich hold. Lieblingsorte, das sind Orte, die man immer wieder gerne besucht, nach denen man sich sehnt, die zu erreichen immer wieder ein schönes Erlebnis ist, die Wohlgefühl und Emotionen auslösen, schöne Erinnerungen wecken. Lieblingsplätze schwanken. Es gibt Lieblingsplätze für den frühen Morgen und andere für den Sonnenuntergang, bei strahlendem Sonnenschein sind die Lieblingsplätze anders als bei Regen oder gar bei Schnee.

Hooge hat viele Stammgäste. Viele, die einmal dort waren, haben sich mehr oder weniger in diesen Flecken knapp über dem Meeresspiegel verliebt und sehnen sich nach dem Tag, an dem sie dorthin wieder reisen dürfen. Wir haben etliche nach ihren Lieblingsplätzen auf Hooge gefragt. Schwärmen die Reisenden, die auf Hooge immer wieder verweilen, vom Eiland, so denkt man, ganz Hooge ist ein Lieblingsplatz. Aber auch wir haben unsere Lieblingsplätze.

Ein Lieblingsplatz ist das Landsende. An der Ockenswarft vorbei immer geradeaus Richtung Küste, stehen wir plötzlich vor einem langen Anleger aus Basalt, der weit ins Watt reicht. Gelegentlich hält hier ein kleines Ausflugsboot von Pellworm kommend. Nur wenn Flut ist, kann es kommen, denn bei Ebbe liegt dieser Anlieger auf dem Trockenen. Das Landsende ist ein Lieblingsplatz schon für den frühesten Morgen. Vor Sonnenaufgang sitzt es sich hier meist recht frisch, denn es geht oft ein Wind, aber hier geht die Sonne auf. Und wie sie aufgeht! Grandioser kann kein Sonnenaufgang sein. Weit hinten, hinter dem Meer, wird der Himmel rosa und dann schiebt sich dieser gewaltige glühende Sonnenball über dem Horizont hervor, wird immer größer, immer roter und will scheinbar das ganze Wattenmeer samt den klitzekleinen Halligen in ein flammendes Inferno verwandelt. Geblendet steht man da, die Wärme der Sonnenstrahlen nimmt zu, die Kälte verfliegt, der Boden des Wattenmeeres glüht, als werde es von flüssiger Lava überströmt. Dem Menschen verschlägt es die Sprache, die Vögel des Watts begrüßen die aufgehende Sonne mit lautem Geschrei und Gekrächz, ganze Schwärme von Gänsen oder Austernfischern fliegen

Mehr Lieblingsplatz geht kaum…

durch die vulkanisch anmutende Szenerie. Nicht allzu lange dauert dieses Ereignis, dann verblasst das Feuer und der Himmel färbt sich blau – der Tag hat begonnen.

Aber auch tagsüber bleibt das Landsende ein Lieblingsort. Strandkörbe stehen hier oft herum oder man lässt sich vom Tourismusbüro seinen eigenen Strandkorb dorthin stellen. Da sitzt man dann am Landsende, windgeschützt im Strandkorb, vielleicht mit einer Thermoskanne voll heißem Tee und schaut aufs Meer. Und schaut aufs Watt. Und schaut, wie die Vögel fliegen. Und schaut, wie ein Krabbenkutter vorbeizieht. Und schaut .... und genießt und liest vielleicht in einem schönen Buch und wünscht, diese unendliche Ruhe würde niemals enden.

Aber nicht nur bei Capri versinkt die rote Sonne im Meer. Auch auf Hooge hat der Tag irgendwann ein Ende, das dem von Capri in nichts nachsteht. Ganz im Westen lässt es sich besonders schön erleben, dort hinter der Westerwarft, auf der letzten Bank sitzend, schauen wir zu, wie die Sonne sich verabschiedet, wie es dunkel wird, wir spüren die heraufziehende Kälte der Nacht und machen uns auf den Weg in unsere warme Ferienwohnung. Sonnenuntergänge genießt man am besten im Warmen, auf Hooge vielleicht in eine warme Decke gehüllt, vielleicht mit einen Grog?

Nicht nur die Sonne geht zur Ruhe, auch Hooges Vogelwelt denkt daran schlafen zu gehen. Es wird ruhiger auf der Hallig und bald bläst nur noch der Wind.

Kuchen essen ist immer etwas Feines, wenn der Kuchen gut ist. Wenn dann auch noch der Platz wunderbar ist, dann schmeckt der Kuchen nochmal so gut. Der Garten von Karen Tiemanns Halligcafé *Blauer Pesel* ist die ungekrönte Kuchenlieblingslocation. Obwohl fast am Anleger auf der Backenswarft gelegen und somit den Strömen der Tagestouristen fast schonungslos ausgeliefert, ist es dort idyllisch ruhig. Dieser kleine Garten vor dem Café, wenn denn die Sonne scheint. Sicht- und windgeschützt hinter dem erhöhten Warftrand, zwischen Pensionshaus und dem alten Pesel gelegen, wärmt die Sonne das Mauerwerk, wir sitzen auf den Bänken an der Mauer, den Rücken an der warmen Mauer, das Gesicht gen Sonne. Es gibt Kaffee und Friesenschnitte. Nie mehr im Leben wollen wir hier weg, nie mehr etwas anderes essen. So sind Lieblingsplätze eben.

Strandkörbe sind immer Lieblingsplätze, denn in ihnen sitzt man windgeschützt und warm. Das Tourismusbüro vermietet Strandkörbe und stellt sie nicht an jeden

Landsende

Platz der Hallig, aber doch an viele. Dann hat man seinen ganz eigenen Lieblingsplatz, der die ganze Zeit auf der Hallig nur für einen selbst da ist. Wem keiner unserer Lieblingsplätze so ganz gefällt, der sucht sich seinen eigenen und stellt dort seinen eigenen Strandkorb auf. Mehr Lieblingsplatz geht kaum.

Es gibt noch eine ganz besondere Sitzbank am südlichen Sommerdeich der Hallig: die Norderoogbank. Von der Ockelützwarft führt ein kleiner Fußgängerweg durch die Weiden schnurtracks Richtung Süden, an seinem Ende steht eine Tafel mit Informationen zur Hallig Norderoog, daneben eine Bank. Bei klarem Wetter ist Norderoog zu sehen, die winzige Hallig nur mit dem Häuschen des Vogelwärters darauf, die nur mit Erlaubnis betreten werden darf. Norderoog ist wie eine Fata Morgana, dort hinten hinter dem Watt, am Rande der Unendlichkeit, wie mag es dort sein? In diesem Häuschen, mit tausenden Wasservögeln als Lebensgefährten, ein Leben voller Geschwirre und Gekreische. Rechts davon der Norderoogsand, der mittlerweile so weit aus dem Wasser ragt, dass Büsche darauf zu wachsen scheinen, es sind nur Grasbüschel. Manchmal veranstaltet die Schutzstation Wattenmeer Wanderungen nach Norderoog, ansonsten bleibt nur das stundenlange Träumen auf der Bank mit diesem grandiosen Ausblick.

Bekacktes Eiland
Hooges Vogelwelt

Hooge ist ein Vogelparadies. Egal zu welcher Jahreszeit, immer lassen sich unzählige Wasservögel beobachten, das ist ein pausenloses Schwirren und Kreischen.

Schnepfenvögel

Vogelbeobachter und Naturfotografen laufen in Hooge zur Hochform auf. Kaufen Sie sich am besten zuvor in einer Buchhandlung einen Naturführer, in dem die Vögel des Wattenmeeres beschrieben und abgebildet sind, in Husum empfiehlt sich im Hafen das Wattenmeerhaus, auf der Hallig sind *Sturmflutgalerie* und Schutzstation Wattenmeer recht gut ausgestattet. Was sie unbedingt mitbringen sollten ist ein gutes Fernglas und möglichst einen Fotoapparat mit Teleobjektiv und Stativ.

Überall brüten im Frühjahr Austernfischer. Diese hühnchengroßen Vögel können schon mal recht aggressiv werden, wenn sie denken, man kommt ihrem Gelege zu nahe. Und das auch dann, wenn man ordnungsgemäß hinter dem Zaun der Weide steht, auf der sie brüten. Wir sind immer wieder von Austernfischern attackiert worden, mit lautem Geschrei fliegt der Austernfischer direkt auf den Beobachter zu und dreht erst kurz vorher ab. Oft sammeln sich die Austernfischer im Norden der Hallig und sitzen in einer großen Gruppe dort, wo sie sich ungestört fühlen. Hinter der Westerwarft hocken sie gerne, sie schätzen die Abgeschiedenheit und insbesondere bei starkem Wind sieht es drollig aus, wenn hunderte Austernfischer ihre orangenen Schnäbel nach dem Wind ausrichten.

Spektakulärster Vogel der Halligwelt ist jedoch die Ringelgans, von Mitte Februar bis Mitte Mai dominiert sie die Hallig. Da kommen zehntausende Ringelgänse von ihren Winterquartieren in Frankreich ins Wattenmeer, landen auf den Halligen, fressen diese kahl und sich dick und rund bevor sie weiterfliegen zu ihren Brutgebieten in Sibirien, Grönland und Spitzbergen. Bemerkenswert sind die Ringelgänse zudem, da sie gewaltige Mengen Kotwürstchen von sich geben. Vorne rein, kaum verdaut nach 45 Minuten hinten wieder raus. 145 Würstchen macht eine Ringelgans jeden Tag. Bei einigen zehntausend Gänsen, die sich wochenlang auf der Hallig aufhalten,

Knutts *Rotschenkel*

sind das unzählige Würstchen. Die gesamte Hallig ist von vorne bis hinten mit Ringelganswürsten übersäht, einen Platz, um gemütlich im Gras zu liegen, gibt es nirgendwo. Und dennoch sind die Ringelgänse ein Highlight der Hallig, das kein Mensch missen möchte.Ringelganstage nennen es die Halligbewohner marketingmäßig, es ist ein Spektakel, das die Reise auf die Halligen lohnt. Überall watscheln diese plump anmutenden Vögel umher und starten scheinbar recht unbeholfen, wenn ihnen jemand zu nahe kommt.

Im Osten der Hallig liegen direkt vor der Küste ein paar Sandbänke, der Vogelsand. Hier brüten Austernfischer, hier findet sich eine große Kolonie der fast kugelrunden Knutts, die dort auf einem Bein stehen und wie ein in die Erde gesteckter Federball wirken. Auch Küstenseeschwalben brüten hier und auch der Rotschenkel ist hier oft zu beobachten.

In den Wiesen zwischen alter Pohnswarft und Westerwarft brüten verschiedene Möwenarten, im hohen Gras sind sie oft besser zu hören als zu sehen. Auf dem Sommerdeich auf dieser Seite der Hallig finden sich häufig aufgehackte Schalen der Wellhornschnecke, zerfetzte Krabben und Speiballen, alles Überreste der Beute der Möwen, die sie hier in Ruhe vertilgen – und die unverdaulichen Reste wieder auswürgen.Viele andere Vögel sind auf Hooge zu beobachten. Vor der Küste beim Anleger zeigen sich häufig Eiderenten, der Wappenvogel der Insel Amrum. In den Wiesen beim Landsende brütet der Kiebitz, überall auf der Hallig zeigen sich gelegentlich Brandenten, meist als Brandgänse bezeichnet. Seltener zu beobachten sind der Alpenstrandläufer, der Rotschenkel, der Säbelschnäbler und der Mittelsänger. Es lohnt sich, einige Stunden lang die Vogelfauna zu beobachten.

Tagestouristen und Friesentorte

Von Nordstrand, von Schlüttsiel bei Dagebüll, von Sylt und von Amrum, aber auch von anderen Inseln kommen Ausflugsschiffe nach Hooge. Überall wird mit Ausflügen auf die Hallig geworben, manchmal direkt mit der Kombination einer Halligrundfahrt. Ab Mai, wenn das Wetter besser wird, kommen die Tagestouristen in großer Zahl auf die Hallig. Auch für sie ist dieses Büchlein, denn wir wollen ihnen während ihres kurzen Aufenthaltes ermöglichen, den Blick zu schärfen und Dinge zu sehen und zu erleben, an denen sie sonst vielleicht vorbei gehen.

Allerdings, wir warnen jeden Tagestouristen davor, zu denken, ein Ausflug würde ihm einen richtigen Eindruck davon verschaffen, was denn das Besondere an einer Hallig ist. Weit gefehlt! Einen Eindruck gewinnen, gut. Vier Stunden zwischen Anleger, Kirchwarft und Königspesel verbringen, das ist nicht Hallig, das ist nur mal schauen. Dennoch sollte jeder diesen Ausflug wagen, der noch nie auf einer Hallig war, einfach mal hinfahren und ein kleines bißchen Halligluft schnuppern, erste Eindrücke sammeln.

Was aber macht man in der kurzen Zeit? Zunächst mal zusehen, dass der Aufenthalt so lange wie möglich ist, d.h., mit dem erstmöglichen Schiff hin und mit dem letztmöglichen zurück. So bleibt Zeit zum Verweilen und Schauen. Wer gut zu Fuß ist, macht die von uns ausgearbeitete Warftenwanderung, besucht dabei alle wichtigen Orte der Hallig und findet Muße, hier und da zu sitzen und aufs Watt zu schauen, die Lämmer zu beobachten oder die Kühe über die Weiden galoppieren zu sehen. Dieser Wanderweg führt an allen Restaurants der Hallig vorbei, Stärkung ist gewährleistet. Wer ans andere Ende will, mietet sich ein Fahrrad und ist damit schneller unterwegs und erfährt dabei, was es heißt, jeden Morgen mit dem Fahrrad bei Gegenwind zum Halligkaufmann zu radeln, um Brötchen zu holen. Wer nicht so gut zu Fuß ist, für den stehen Pferdekutschen bereit. Große Planwagen warten am Anleger auf Gäste,

Hansi

Willi

die Kutscher Willi und der gemütliche Hansi haben ihre mächtigen Kaltblüter bereits angespannt. Jeden Morgen ist es ein herrliches Bild, wenn Hansi seine beiden Kaltblüter von der Weide gegenüber Backenswarft holt, mit ihnen gemütlich zum Anleger spaziert, um sie dort vor den Planwagen zu spannen. Willi hat seine Pferde auf den Weiden neben der Hanswarft, hier spannt er sie an und fährt zum Einsatzort Anleger, um Gäste abzuholen. Er ist gemeldeter, wenn auch nicht geborener Hooger, lebt aber schon lange hier. Kein Mensch kann sich die Hallig ohne Willi vorstellen. Täglich dreht er seine Runden zwischen den drei Warften, zeigt und erklärt den Touristen die Hallig, gibt Episoden zum Besten und ließe man ihn all das erzählen, was er über die Hallig zu berichten weiß, man hätte schnell das letzte Schiff verpasst.

Natürlich macht die Seeluft hungrig. Da würden wir doch in jedem Fall etwas friesisches empfehlen, vor allem die köstliche Salzwiesenlammbratwurst oder selbiges Lamm als Frikadelle. Und so unappetitlich der Labskaus auch ausschaut: er muss verkostet werden ! Ja, die Liebe zum Labskaus geht durch den Magen.

Wichtig ist es, die Zeit nicht zu vergessen, denn das passiert schnell auf der Hallig, schnell ist das Schiff weg. Ist noch Zeit genug, dann würden wir unbedingt auf der Backenswarft Karen Tiemanns selbstgebackene Kuchen empfehlen. Mit dem Geschmack der Friesentorte im Mund geht es zurück aufs Schiff und wer nun die Sehnsucht verspürt, er verpasse gerade etwas, wer nun das Gefühl hat, er würde gerne noch lange am Sommerdeich sitzen und die Nordsee kommen und gehen sehen, der sollte wiederkommen. Hallig erleben, das dauert Tage. Und auch nach Tagen noch gibt es jederzeit Neues zu beobachten. Vögel und das Vieh auf der Weide, das Meer, das kommt und geht, die Wolken, die ziehen. Immer wieder begegnet man netten Menschen und fühlt sich immer mehr zuhause.

Vor allem: der Tourist genießt, er muß ja nicht arbeiten. Und so kann die Seele baumeln, wie sie es schon lange nicht mehr tat.

Küstenklassiker: Labskaus

Gut essen auf der Hallig - der Restaurant-Test

Essen hält Leib und Seele zusammen, das wußten schon die Altvorderen. Und daran hat sich bis heute nichts geändert. Halligtage bedeuten auch Unternehmungstage. Wattwanderungen, Halligumrundungen, Radtouren mit sehr viel Gegenwind. Oder einfach Nichtstun und das Meer beobachten. Aber auch das geht besser, wenn der Magen glücklich und zufrieden ist.
Wir haben die kulinarische Szene der Hallig Hooge von vorne bis hinten ausprobiert und stellen fest: auf Hooge geht das Glück auch durch den Magen.
Aktuelle Informationen über Restaurants, Telefonnummern und Öffnungszeiten finden sich auf der Internetseite: www.hooge.de

Und immer wieder stoßen wir auf diese Pesel. Es sind die guten Stuben der alten Hooger, ihre feinsten Wohnzimmer, meist waren es Kapitänsstuben, denn die meisten Hooger fuhren zur See. Die Hooger fuhren zur See auf Walfängern und auf Handelsschiffen, sie kannten die Meere wie ihre Westentasche. Es war eine wohlhabende Zeit für die Hallig und durch reiches Interieur wie Delfter Kacheln in den guten Stuben sollte dieser Wohlstand auch nach außen hin dokumentiert werden.

Zum Blauen Pesel

Backenswarft

Wenn Kuchen, dann hier. Überall auf der Hallig herrscht Einigkeit: Karen Tiemanns Kuchen sind unübertroffen gut. Ihre Friesentorte und ihre Friesenschnitte, die wir jedes Jahr dort genießen, sind paradiesisch, ihre diversen anderen Kuchenspezialitäten, die sie selber frisch backt, verwöhnen den Gaumen. Anderswo backt man Kuchen, Karen Tiemann zaubert Genüsse zum krönenden Abschluss einer Wanderung auf der Hallig. An der Ostseite der Backenswarft gelegen führt der Weg vom Anleger direkt am Eingang zum Blauen Pesel vorbei, ein Schild zeigt an, ob schon geöffnet ist. Hat man die Warftkante überschritten, steht man in einem hübschen Garten vor einem alten, reetgedeckten Haus aus dem Jahre 1750. Die kleine Gaststube strahlt friesische Gemütlichkeit aus, die Wände sind geschmückt mit original Delfter Kacheln. Auf Anfrage gewährt die Wirtin Einblick in ihr privates Wohnzimmer, einen originalen alten Pesel, der vom Halligmaler Nikolaus Soltau ausgemalt wurde. Ein Schmuckstück und eine Nische urigster Gemütlichkeit.

Was gibt es sonst noch? Getränke wie Pharisäer, Tote Tante, Halligtraum, Postlöper, Gänseschiet und Seute Deern. www.blauerpesel.de

Restaurant Friesenpesel

Backenswarft

Nahe am Schiffsanleger auf der Backenswarft findet sich der Friesenpesel. Über 200 Jahre alte holländische Kacheln an den Wänden und eine alte friesische Einrichtung im Pesel von 1746 prägen die Gaststätte. Von der windgeschützten Terrasse hat man einen weiten Ausblick über die Hallig. Serviert werden unter anderem friesische Krabben- und Fischgerichte. In der Sommersaison wird der Friesenpesel von großen Touristengruppen aufgesucht, das ist kein Gewinn für die urige Halliggemütlichkeit, die wir

suchen. Unser Tipp: abends, wenn die *Adler Express* abgelegt hat, dann isst es sich dort entspannt. Wir haben eine Kartoffelsuppe kennen gelernt, für die wir unser letztes Hemd geben würden und die Lammfrikadellen, die die Wirtin Annemarie Pezzi uns an einem eiskalten Februarabend auf den Tisch stellte, waren ein Gedicht. Zu dieser Zeit hat der Friesenpesel nicht immer auf, aber wenn er dann auf hat, lernen wir echt friesische Gemütlichkeit kennen. Wir würden für einen Winterabend mit diesen Lammfrikadellen und einem frischen Flens alleine die Reise vom Rheinland nach Hooge machen. www.friesenpesel.de

T-Stube

Hanswarft

Das 1736 erbaute reetgedeckte Haus ist das älteste Gebäude auf der Hanswarft und eines der ältesten Gebäude in der gesamten Halligwelt und eines der schönsten Restaurants auf Hallig Hooge. Von innen fällt der Blick auf ein offenes Reetdachgebälk, bis weit unter den hohen Dachgiebel ist das Gebäude liebevoll mit einer zauberhaften Inneneinrichtung dekoriert, was das Restaurant nahezu als ein Museum erscheinen lässt. Neues Mobiliar und historisches Interieur sind geschmackvoll miteinander kombiniert. Mitten im Restaurant steht ein gewaltiger gusseisener Ofen, der mit Holz beheizt wird und die Stube schön warm macht. Dies aber nur im Frühling, denn ab Oktober ist die T-Stube über den Winter geschlossen, das nach oben weit offene Gebäude ist so nicht zu beheizen. Was gibt es zu Essen? Neben dem üblichen Schnitzel für jedermann werden allerhand friesische Gerichte mit Krabben und Fisch serviert, die allesamt das Lob der Gäste finden. Wir haben Porrenpann (eine friesische Krabbenpfanne mit Pellkartoffeln) und eine große Fischplatte probiert. Köstlich! Das Wiener Schnitzel schmeckt nicht nur, es ist so groß, das es auch nach einer Wattwanderung satt macht. Auch wenn das „T" im Namen nicht wie Tee geschrieben wird, bietet die T-*Stube* dennoch das größte und mit Abstand beste Teeangebot der Hallig: 41 Teesorten sind im Ausschank.

Hooger Friesenshop

Hanswarft

Früher war hier das Café Königspesel, mal Café, mal Restaurant, in den letzten Jahren versuchten sich einige Pächter und ließen es immer wieder sein. 2018 übernahm Kerstin Bendixen, die mit Ihrer Mutter lange Jahre den Halligkaufmannsladen gegenüber führte, das Café Königspesel. Eine echte Hoogerin, sie macht das schon. Eigentlich ist der Friesenshop ein Andenkenladen mit großem Teeangebot und Teestube, aber wenn das Wetter gut ist, sitzt es sich auf der Terrasse gemütlich in der Sonne. An der Theke gibt es Kuchen und Galloway-Frikadellen. Das Fleisch vom Brogmus-Hof auf den Backenswarft, die strubbelig anzuschauenden Galloways sehen wir überall auf der Hallig. Galloway-Fleisch ist eine Sache für sich, die süchtig machen kann. Unser Tipp: Galloway-Brötchen mitnehmen und im Strandkorb am Sommerdeich in aller Seelenruhe verspeisen.

Zum Seehund

Hanswarft

Lange Jahre war der Seehund eine empfehlenswerte Adresse auf Hooge, besonders der allwöchentliche Fischabend war beliebt. Im Frühjahr 2018 gab der Wirt auf, voraussichtlich wird der Seehund erst 2020 wieder öffnen. Ohne den Seehund und seine im Sommer idyllische Sonnenterrasse wirkt die Hanswarft in ihrem Zentrum doch recht verwaist. Die historische Gaststube des Seehundes mit ihrer bildschönen Theke und den historischen Fliesen sind ein Hooger Schmuckstück, das hoffentlich bewahrt bleiben wird.

Bistro Klabautermann

Hanswarft

Im Zentrum der Hanswarft gibt es allerhand für den schnellen Hunger: Pizza, Hot Dog, Crepes, Currywurst mit Pommes und natürlich die in dieser Region obligatorischen Fischbrötchen. Vor dem Haus ein gemütlicher, windgeschützter Biergarten. Um die Ecke, neben der Sturmflutgalerie, werden aus dem Fenster der Schlemmerluke Snacks auf die Hand verkauft.

Frerks Bauerhus

Mitteltritt

Weit weg von den Strömen der Tagestouristen liegt dieser Geheimtipp auf Hooge. Mitteltritt im Westen der Hallig, dort, wohin sich Tagestouristen nur sehr selten verirren. Hier stoßen wir auf Frerks Bauernhus, das einzige Hotel der Hallig. Natürlich ist dieses Hallighotel keineswegs mit dem Hotel einer Großstadt zu vergleichen, es ist eher schnuckelig-gemütlich, mit Strandkörben vor der Tür ... wer will schon auf Hooge große Hotels! Hier ist das Übernachten ohne Ferienwohnung möglich, morgens gibt es Frühstücksbuffet und abends lässt sich das Abendmenü in Halbpension

hinzubuchen. Das ist nicht nur für Hotelgäste, sondern auch für jeden anderen Halliggast buchbar, wobei Inhaber Jörn Rolfs keinen Zweifel daran lässt, dass pünktlich um 19 Uhr das Essen auf den Tisch kommt. Das auf Hooge die Uhren anders gehen, sagt er uns, ohne dass wir danach fragen. Tagsüber sind die Sitten etwas weniger streng

und wir genießen dort den Mittag bei herrlichem Sonnenschein auf der Terrasse im Strandkorb. Blick auf die Nordsee, windgeschützt, vollkommen ruhig, die Umgebung lädt zum Träumen ein. Alle Gäste machen den gleichen Eindruck ... entspannt, zu einer kleinen Plauderei aufgelegt mit dem festen Willen, länger zu bleiben. Wer wirklich entspannt zu Mittag essen will, hier ist das Ziel! Wir aßen eine köstliche Lammbratwurst mit knusprigen Bratkartoffeln und auch das abendliche Menü war für uns die Versuchung wert.
www.hallighotel.de

Eine lokale Spezialität: Salzwiesenlammbratwurst

Shopping-Erlebnis Hallig Hooge

Manche wandern durch die Eiswüsten am Polarmeer, andere klettern durch tiefe Höhlen in schier unendlicher Dunkelheit. Wieder andere erklimmen schroffe Gipfel, um von tausenden Höhenmeter gigantische Ausblicke zu genießen.

Aber nicht alle wollen das, manche wollen einfach mal gemütlich shoppen gehen. Hooge ist unter den europäischen Einkaufsparadiesen nicht direkt an der Spitze, aber so ganz ohne Shopping-Erlebnis muss der Tourist hier nicht auskommen. Natürlich – wir haben die Hooger Shopping-Szene genau unter die Lupe genommen.

Halligkaufmann

Hanswarft

Zweifelsohne die wichtigste Shopping-Instanz auf Hooge. Ohne den Halligkaufmann ist das Überleben auf Hooge zweifelhaft. Alles für die Küche, Wein, Flens und Säfte, Körperpflege und die aktuellen Zeitungen und Zeitschriften ... ohne den Halligkaufmann wäre das Leben auf Hooge wie auf Robinson Crusoes Insel.

Hallig-Galerie

Hanswarft

Hier schmökert man gerne herum. Neben Literatur und kleinen handwerklichen Kunstwerken gibt es Hallighonig und vor allem die Filme aus dem Hause Otta-Production. Filmemacherin Swantje Boyens produziert spannende Filme über Hooge und signiert die DVD-Hülle auch, wenn sie zufällig im Laden ist.

Friesenshop im Königspesel

Eine Menge Andenken an Hooge. Die Teeauswahl im Laden ist grandios und die Inhaberin, Kerstin Bendixen, gießt sie auf und so können wir sie erst probieren und dann kaufen. Ein gemütliches TeaHouse-in-Shop-System, man schaut sich die Sachen an, trinkt dabei Tee und genießt köstlichen Kuchen, bei entsprechendem Wetter auch draußen auf der Terrasse.

Neuer Markttreff

Hanswarft

Wenn im Sommer der neue Markttreff auf der Hallig eröffnet wird, zieht der Halligkaufmann dorthin um und hat endlich die Möglichkeiten, sein Angebot zu verbessern und zu erweitern.

Bernstein-Lädchen

Hanswarft

Beim Sturmflutkino um die Ecke, neben dem Aufgang zum Museum, finden wir das kleine Bernsteinlädchen von Corinna Junker, der Frau des Hafenmeisters. Während ihr Mann am Anleger für Ordnung sorgt, bietet sie hier Schmuck und Kunsthandwerk aus Bernstein, dem Gold des Meeres an.

Wer davon nicht genug bekommen kann, der lernt im Wattenmeerhaus auf der Hanswarft, wie und wo man Bernstein selbst findet und wie er sich bearbeiten lässt.

Sturmflutgalerie

Hanswarft

Die traditionsreiche Shopping-Location auf der Hallig, hier gibt es alles, was irgendwie Halligbezug hat. Andenken, Tassen, Kleidung für gutes und noch mehr für schlechtes Wetter, Literatur und Postkarten.

Eine-Welt-Laden im Pastorat

Kirchwarft

Ein Geheimtipp, versteckt und nur an gewissen Stunden geöffnet: der Laden im Pastorat. Weine, Gebäck, Schokoladen, Tee ... begrenzt das Angebot, aber FAIR gehandelt und jeder Besucher bekommt eine Tasse Tee, auch wenn er nichts kauft. Der Blick ins Pastorat lohnt sich allemal. Öffnungszeiten stehen im Buddelbreef.

Binges Hofladen

auf Mitteltritt

Das sind Halligprodukte, die wir von der Wiese kennen. Lammfleisch, Salzwiesenlammbratwurst und Eier von den Hühnern, die direkt unten vor der Warft im Bauwagen wohnen. Man schmeckt es, dass es glückliche Hühner sind. Hallighonig gibt es auch, im Sommer stehen die Bienenkästen neben Mitteltritt auf der Weise, wo reichlich Klee wächst. Öffnungszeiten im Internet und im Buddelbreef: www.hallighof.de

Lammliebe.de

Lammliebe ist kein Geschäft, aber es gibt eine Verkaufsstelle. Lammliebe ist das Markenzeichen von Erco L.Jacobsen, der Schafe züchtet und köstliche Salzwiesenlammprodukte herstellt. Zu kaufen gibt es sie im Hallig-Café *Zum Blauen Pesel* auf der Backenswarft.

504
726
165
123 1+3
6+9
320 1+2
6-8

Kirche mit Schiff und Muschelsand

Wir müssen ehrlich sein, Hooge ist nicht reich an Kulturschätzen und so werden die wenigen, die es gibt, promoted, was das Zeug hält. Der Blick in den Königspesel ist wahrhaftig lohnend, einen Besuch des Heimatmuseums sollte man nicht missen und vor allem die Kirchwarft ist den Besuch wert.

Nur die Kirche und das Pastorat finden sich auf der Kirchwarft, daneben der Glockenturm und der Friedhof. All das zusammen ist schon ein mächtiges Stück Halliggeschichte. Am Glockenturm vorbei – in dem immer wieder mal ein Vogel brüten will und wir uns immer wieder fragen, wie der sich wohl fühlt, wenn die Glocke läutet – gelangen wir auf den Friedhof. Immer wieder lesen wir auf den Grabsteinen die gleichen Namen, ganze Generationen von Hooger fanden hier ihre letzte Ruhe, die Namen der Kapitäne künden von einer stolzen und erfolgreichen Seefahrergemeinde. Manche Grabsteine und Gedenktafeln erzählen Geschichten, die bis in die Weltpolitik hinein reichten. Aber das ist auch das Kreuz von Golgatha, drei namenlose Matrosen wurden nach der Skagerrak-Schlacht 1916 angetrieben und hier beerdigt.

Außergewöhnlich die Kirche selbst, die 1637-1642 erbaut wurde. 1634 wurde die Kirche der Gemeinde Osterwohl auf Alt-Nordstrand mitsamt ihres ganzes Ortes Opfer der gewaltigen Sturmflut. Die Hooger verwendeten vieles aus deren Trümmern für ihre eigene neue Kirche: Backsteine, das Taufbecke, die Kanzel, das Chorgitter und das Gestühl. Unter der Decke hängt das Modell einer dänischen Fregatte. Es soll an den Besuch des dänischen Königs erinnern, der bei seinem Besuch auf Hallig Hooge nach der großen Sturmflut Geld für die Erneuerung der stark beschädigten Westwand der Kirche spendete. Und noch etwas fällt auf: die Kirche hat keinen Fußboden. Einfach Muschelsand wurde dorthin geschüttet. Manch einer mutmaßt, es sei für die Kinder, damit sie im Gottesdienst nicht quengeln, sondern Muscheln

Kreuz von Golgatha

Alter Wegweiser

sammeln können, aber der fehlende Fußboden ermöglicht dem Wasser ein schnelles Versickern, wenn die Nordsee mal wieder auf Kirchbesuch war.

Seit Pastor Martin Witte Ende 2015 die Hallig verlassen hat, ist die Gemeinde ohne Pastor. Bis Ende 2018 hatte sich noch niemand auf die noch offene Stelle beworben, die vom Kreisgemeinderat auf 50% reduziert wurde und deshalb versieht die Prädikantin Tutje von Holdt seither den Dienst auf der Kanzel. Ihre Sonntagspredigt hält sie einmal im Monat auf plattdeutsch, ein Erlebnis der besonderen Art. Seit 2009 lebt sie auf Hooge

Hooge ist eine Gemeinde, wie sie feiner nicht sein kann. 80% der Hooger sind Gemeindemitglieder und die Prädikantin kennt jedes Gemeindemitglied, besucht sie, lebt mit ihnen. Weitab von der Anonymität kirchlicher Großstadtgemeinden, in denen Teile der Bevölkerung gerne in esoterisch angehauchte Rosenquarzzirkel abtauchen, stecken Prädikantin im Leben der Gemeinde. Krankheiten, Probleme und Erfolge, Trauer und Freuden werden geteilt. 77 Mitglieder hat die Hooger Kirchengemeinde und zu jedem ist die Beziehung relativ eng. Anonymität auf der Hallig, das gebe es gar nicht. Nachbarschaftshilfe wird groß geschrieben, keiner kann dem anderen entgehen, ein Nachteil wie zugleich ein Vorteil.

Leben und Sterben gehören zu den Aufgaben des Pastors und so ist die kleine Gemeinde stets drauf vorbereitet, einen Todesfall zu bewältigen. Im Pastorat steht stets ein Sarg bereit, um einen Verstorbenen zu Grabe zu tragen. Früher konnten Pastor und Krankenpfleger noch gemeinsam den Tod feststellen und den Totenschein ausstellen, denn nicht immer war ein Arzt schnell genug auf der Hallig. In

Historische Postkarte

den heutigen Zeiten der Helikopterrettung aber darf dies nur noch der Notarzt oder aber als Sonderregelung für die Halligen eine Krankenpflegerin bzw. ein Krankenpfleger, die über eine Zusatzausbildung und eine entsprechende Einweisung durch den Amtsarzt verfügen. Aktuell ist kein Krankenpfleger mit dieser Ausbildung auf Hooge, zuständig wäre im Ernstfall die Krankenpflegerin von Langeness.

Ein verstorbener Halligbewohner jedoch wird nach seinem Tode mit dem Schiff zurück auf die Hallig gebracht, die Halligbewohner holen ihn am Hafen ab und geleiten ihn im großen Zug zum Friedhof auf der Kirchwarft, auf dem er seine letzte Ruhestätte findet. Traditionell gehen Kinder von Warft zu Warft und verbreiten die Nachricht vom Tode eines Halligbewohners, aber auch fröhliche Nachrichten wie die Geburt eines neuen Halligbewohners werden so verbreitet.

www.halligkirche.de

Die Fluten werden wieder höher

Steigt der Meeresspiegel, sind die Häuser auf den Warften und ihre Bewohner in Gefahr. Nehmen die Stürme an Gewalt zu, drohen die Wogen des Orkans bei Sturmfluten über die Warften hinweg zu spülen und das Leben auf den Warften zu vernichten.

Bei der Sturmflut 1962, als auch Hamburg unter Wasser stand, wurden auf Hooge zahlreiche Häuser schwer beschädigt, wenn nicht gar weggespült. Danach wurden in die Häuser Schutzräume eingebaut, Zimmer in der oberen Etage, die auf einem festen Betonsockel im Untergrund verankert sind. Wird das ganze Haus von der Sturmflut weggespült, dieser Raum auf seinem Sockel soll stehenbleiben. Wahrscheinlich würde die Realität doch ein mulmiges Gefühl erzeugen, sitzt man auf diesem Betonsockel und der Rest des Hauses ist bereits Opfer des Blanken Hans geworden.

In den 1990er Jahren wurde aufgewarftet, die Warften wurden erhöht. Dennoch, die Orkane Christian und Xaver im Winter 2013 haben gezeigt, dass der durch den weltweiten Klimawandel verursachte Anstieg des Meeresspiegels die Warften erneut bedroht. Die Warften müssen weiter erhöht werden, im Frühjahr 2019 begann ein Aufwarftungsprogramm, das alle Warften auf den Halligen einschließt. Auf Hooge wird dies zunächst die Hanswarft sein, Mitte September sollen die Arbeiten beendet sein, rechtzeitig vor dem ersten Herbststurm.

Es ist ein großes Projekt, das viele Jahre in Anspruch nehmen wird, aber Hooge wird keine Großbaustelle werden, es wird eine Warft nach der anderen erhöht werden. Im Wattenmeerhaus auf Hanswarft gibt es eine Ausstellung zur Zukunft der Hallig. Fotos der vergangenen Aufwarftungen stehen neben Visualisierungen der Zukunft. Neben der Erhöhung der Deiche um die Warften, die die Häuser immer tiefer in eine Schüssel sinken lassen, sind Anhebungen der Häuser in der Diskussion, selbst Pläne für schwimmende Gebäude werden dort vorgestellt.

Die Gemeinde Hooge plant zu diesem zweifelsohne spannenden Thema Führungen, Exkursionen und Vorträge. Wenn dieses Buch erscheint, sind die Aufwarftungsarbeiten auf der Hanswarft in vollem Gange. Von der Küste liegt ein mächtiges Rohr quer über die Hallig zur Hanswarft, das Sand für Aufspülungen bringt. Ständig wird

sich dieses Bild verändern. Deshalb wollen wir es hier nicht weiter beschreiben. Aber unser Tipp: informieren Sie sich über dieses spannende Jahrhundertprojekt. Später, weg von den Baustellen, sitzen Sie in der Stille der Hallig, blicken übers Watt und denken darüber nach, wie wichtig Aufwarftungen sind .... Denn er kommt wieder, dieser Blanke Hans!

Auch auf den Nachbarhalligen Langeness, Gröde und Nordstrandischmoor wird ab 2019 aufgewarftet.

Wir dürfen auf die Zukunft der Hallig gespannt sein und werden in vielen Jahren mit unserem alten Fotoalbum dort wieder vor Ort sein, um zu vergleichen.

Landsende ca 1,5 km
Westerwarft ca 3,5 km

Epilog

Träumst Du, Chrisi?

Ja, von der Hallig. Da, wo ich einst an der Buhne saß und nach Norderoog schaute und auf die Flut gewartet habe. Ich dachte, sie wollte gar nicht mehr kommen.

Die Flut kommt täglich zwei Mal ....

Ein alter Mann kam, der einst zur See gefahren war. Er erklärte mir, die Flut würde in 15 Minuten kommen. Nicht nur von vorne, sondern auch aus dem Meeresboden herauf. Und sie kam genau so.

Das Watt ist wunderbar. Diese unendliche Weite, diese Ruhe – auch wenn tausend Vögel kreischen.

Wir sollten bald wieder dorthin reisen.

Ich habe mich verliebt .....

Foto: Rong Liu